CSWC
社会工作与社会政策智库论丛
本书由上海文化发展基金会图书出版专项基金资助出版

U0965826

制度变迁背景下的社区治理

基于广州市一个城中村的实证研究

卢俊秀◎著

華東理工大學出版社
EAST CHINA UNIVERSITY OF SCIENCE AND TECHNOLOGY PRESS
·上海·

图书在版编目(CIP)数据

制度变迁背景下的社区治理——基于广州市一个城中村的实证研究 / 卢俊秀著. —上海:华东理工大学出版社,2017.4
(社会工作与社会政策智库论丛)
ISBN 978-7-5628-5055-7

Ⅰ.①制… Ⅱ.①卢… Ⅲ.①社区管理-研究-广州 Ⅳ.①D669.3

中国版本图书馆 CIP 数据核字(2017)第 095235 号

项目统筹 / 刘 军
责任编辑 / 刘 军
装帧设计 / 戚亮轩
出版发行 / 华东理工大学出版社有限公司
地址:上海市梅陇路 130 号,200237
电话:021-64250306
网址:www.ecustpress.cn
邮箱:zongbianban@ecustpress.cn
印　　刷 / 江苏凤凰数码印务有限公司
开　　本 / 710mm×1000mm 1/16
印　　张 / 9
字　　数 / 180 千字
版　　次 / 2017 年 4 月第 1 版
印　　次 / 2017 年 4 月第 1 次
定　　价 / 49.00 元

版权所有 侵权必究

前　言

“撤村改制”是针对城中村社区的一次重大制度变迁，城市性话语方式进入城中村社区，地方政府试图通过在城中村社区内设置居委会的方式，将城中村纳入城市体系，但这一努力并没有取得实质性的进展。本书试图探寻制度变迁的微观逻辑，其研究主题是：政府强制规划下的制度安排与城中村内在力量的互动关系，以及运行逻辑是怎样的；城中村社区治理呈现出什么样的特征，遵循的是怎样的游戏规则；导致城中村现有治理格局的深层原因是什么。

全书共分为七章。

第一章，导论。本章主要交代全书的研究背景和研究意义，回顾相关研究文献并作简要评述，说明本书的基本概念、研究方法、研究资料与研究框架。

第二章，JX社区概况。本章从社区空间位置及变迁、人口构成、集体经济、制度变迁四个层面对其作了描述。

第三章，城中村的经济生活。从村民个体的“种楼”行为，到社区范围内存在的大量非正式经济，本章对这一转变过程中基层政府和村公司的治理态度和行为进行探讨。基层政府持默认态度，而村公司则与村民、城中村的非正式经济构成一种庇护型关系。

第四章，城中村的权力精英。从城中村居委会的产生和角色定位中发现：居委会以行政性为主导而自治性不足；村公司的“选举”延续了村委会的政治形式，而实际以经济性为内涵；在社区认同问题上，居委会缺乏合法性根基，而村公司则因庇护型关系联结和老人协会组织的支持而在城中村范围内得到较强认同。

第五章，城中村的社区管理。面对城中村的人口、出租屋、违章建筑这些关系民生的问题，城中村居委会和村公司在社区治理问题上存在职能划分。城中村居委会的社区治理很多时候未能达到有效状态：一方面城中村居委会很难越过村公司而与村民发生实质性关系;另一方面它也很难越过村民来整合外来人口。而村公司即使作为单一经济形态的社区组织,其治理能力仍然发挥作用:村民的生产和生活秩序还是在村公司的控制下呈现有序状态,而基于居委会职能下的社区整合并没有发生。

第六章,规则、资源与秩序。居委会和村公司这两大社区组织,基于资源占有这一根本原因,在社区治理过程中所表现的治理规则存在巨大差异。来自居委会的社区治理规则在社区实践过程中往往趋于表意性,并未充分发挥其效用。相反,来自村公司的社区治理规则在社区治理过程中发挥实际作用,由此带来了城中村治理"双轨政治"模式。

第七章,结论与讨论。本研究的基本结论是:转型期中国乡村社会的变迁过程,是在现代化的背景下国家主导乡村社会的政治变迁过程。但是因为地域的关系而呈现出区域性,这点在城中村社会的社会转型中尤为特殊。虽然在制度上撤销了村委会的设置,在形式上也结束了农村社区建制,地理位置、行政关系、管理方式及居民生活等方面也都纳入了城市的范畴,但是城中村中并没有建立起城市性的话语方式。因此,城中村没有在真正意义上融入城市社会,城中村的"国家政权建设"遭遇了"碰壁"。

这一制度变迁的显著特征和标志是,居委会和村公司在城中村场域中的制度逻辑和实践逻辑发生了错位。社区居委会名为自治组织实为行政单位,其社区治理规则趋于"表意化"。而村集体经济凭借土地这一根本性社区资源,与村民和社区内的非正式经济之间建立起一种"庇护"型关系。虽然是公司体制,但是它在社区实践中履行了大量的社区职能,其社区治理规则具有"规范性"特征。居委会和村公司的社区治理规则体系上的差别,根源在于所占有社区资源的差异。正是基于资源占有和占有类比的不同,城中村治理模式体现出"双轨政治"的特征。城中村居委会为了获得社区认同和社区事务管理的实现,采取了一种策略性的转变,让渡出部分社区管理权给村公司。而村公司出于集体经济属性和经济实现的要求,自身也有与居委会合作、实现社区治理的需求。它们共同构建了城中村特有的治理格局和权力空间。

制度变迁的实施实现了控制与塑造社区的制度性任务。城中村作为一个社区类型,包含了一些与自治、行政和市场、国家既相符又对立的因素。这种社区空间的核心因土地基础上的集体经济型"村民社会"而得到发育,极大地弥补了国家能力的不足,并促进了地方政府和基层经济实体之间的合作型社区治理方式的探索与发展。

目　录

第一章　导论

第一节　研究主题

一、选题缘起

城市化是人类社会发展的必经历史过程，是社会生产力发展到一定水平必然产生的一种经济和社会现象。不同学科对城市化有着不同的定义：人口学认为城市化是农村人口转变为城市人口的过程；经济学认为城市化是农业向第二、第三产业转换的过程；地理学认为城市化是农村地区转变为城市地区的动态过程；社会学以社会规范为研究中心，认为城市化是由农村生活方式转化为城市生活方式的过程。城市化的一个重要内涵就是城市空间地域的扩张。城市的突出特点就在于它的空间性：空间既是城市存在和发展的基础，又是城市经济运行的要素。

以广州市为例，1978 年城市建成区面积为 87 平方公里，1990 年为 184.7 平方公里，1995 年增加至 259.1 平方公里，2000 年达到 297.5 平方公里，到 2003 年上升为 385 平方公里（田莉，1998；李俊夫，2004：4）。从这些数据可以看出，越来越多的空间（尤其是城市周边的乡村地域）逐渐被纳入城市范围。

在快速城市化进程中，虽然乡村地域被迅速地征用以进行建设，但是实际上城市并没有真正完成对农村聚落的内化，很多村落被保留了下来。这些“走进”城市的村落，形成了特殊的社区形态——城中村。虽然它们在地域上与城市密不可分，但是与城市的关系已经远远超越了其地域性意义，“城乡关系的面貌一改变，整个社会的面貌也跟着改变”（马克思，1971：159）。对这些被纳入城市范围的村落而言，并不是简单意义上的行政“圈地”，它还体现在制度、治理、价值等多重层面上的复杂性和现实性。

在空间密度上，城中村的居住密度超过了城市和乡村。在社区经济结构上，城中村内农业经济基本上消失殆尽，主导经济是物业租赁；在人口结构上，大量从农村地区转移而来的外来人口聚居于城中村，成为外来人口在城市社会中主要的生产、生活区域，且这一趋势随着城市化步伐的加快愈演愈烈。在文化结构上，城中村不断趋近城市生活，但保留了大量的乡村特色。在社区联结方式上，城中村成为最具代表性的外来人口聚居区。无论是交通居住成本，还是信息交流因素，城中村这种社区形态都成为乡村向城市过渡的重要一环。

城中村的形成有着深刻的社会历史与地域文化背景。20 世纪 50 年代中期以后，我国逐步建立了高度集中的计划经济体制。在户口迁移、粮食供应、就业安排、福利保障等方面严格区分农业人口和非农业人口，实施城乡分割对立的二元管理体制，从政治、经济和文化等方面将城市与农村截然分开，形成社会经济“城乡二元结构”分治格局。

长期的城乡二元体制不仅强化了城中村之乱，社会经济运行也受到旧的城乡分割的体制性障碍束缚。以户籍制度来说，城中村的外来人口已经是户籍人口的数倍，但是原有的户籍制度在很大程度上限制了人口的合理流动。土地管理制度不利于土地资源的合理利用，农民既不愿意放弃建房收租以及土地分红所获取的巨大利益，又很难凭借放弃土地使用权而成为真正意义上的市民，同时地方政府也无法提供其市民待遇。城中村的资本市场发育不良制约了城中村的经济发展，其集体经济形态仍属于保守型经营。行政管理体制也缺乏整合；等等。城中村一系列结构性、体制性和政策性的失衡，阻碍了其与城市的交流和融合，制约了城市化进程和社会经济发展的同步进行。

在这一背景下，2002 年，广州市天河区实施“撤村改制”。简单来说，“撤村改制”就是取消原有的乡镇设置，取消村委会，成立居委会；村集体经济重组为企业集团公司。但是“撤村改制”的实施却使广州市天河区基层政府落入一个尴尬境地。广州市天河区某街道办事处书记认为：“现在城中村工作很不容易做，居委会的工作难以展开，党组织的功效也难以发挥，社区事务往往需要村集体（村公司）协助，否则政府权力难以有效地贯彻到基层。”这位街道办事处书记的话语可以反映出三个基本事实：第一，广州市天河区实行的“撤村改制”政策，将城市化的管理方式带进了乡村，但在乡村中却碰壁了；第二，以往的“乡政村治”秩序形态已经不再适应城中村，通过党委来开展居委会工作的方式在城中村已被证实是失败的；第三，城中村社区最大的管理问题不在于行政的形式和自治状态的高低，而在于如何实现与村集体力量的有效合作。

撤村改制后，城市特质和乡村特质无论是在“自然范畴的时间与空间上，还是在社会意蕴的时间和空间上”（蓝宇蕴，2005）都发生了重新组合。有学者对城中村的研究表明：“这些地区是最早开始城市化的地区，又是最难彻底城市化的地区”（周大鸣、高崇，2001）。“撤村改制”虽然在国家和城中村社区之间建立了新的联络方式，但更多的是一种外在的制度形式。而对于这种制度的基础和运作方式，制度设计者并没有给出具体提示。

如果对社区形态进行类型学的考察，城市和乡村在社区环境、人口结构、政府关系以及自治组织属性等诸多方面存在差异。村落与城市各自拥有一套固定的规范与文化意义系统，这之间又存在很多的不同和排斥。

城市化进程中的城中村现象具有特殊的地位和功能，我们不宜将其放入城市或乡村某一单独范畴中。在本质上，城中村自身具有内在的规定性和独立性。如果笼统地将其视为城市或乡村，则无法揭示其特殊性，更无法把握城中村的发展规律。

二、基本问题

在中国传统的城乡关系格局中，“城—镇—村”是我们对原有格局的基本描述。这一格局包含两重意义：其一，表明行政归属的层级关系，由村到镇（乡）再到城，依次递增；其二，表明城市化程度的基本秩序，由城市到镇（乡）再到村，依次递减。作为不同的社区空间，人们在结构和功能上赋予城市和乡村不同的内涵，从而形成不同的社区形态，并在此基础上决定了不同的生产、生活方式以及资源配置和管理形态。

城市社会学理论在阐述乡村向城市转型中，并没有涉及“城乡二元混合社区”（李培林，2002），更没有对其存在和发展逻辑进行探讨。从已有的关于社区变迁的研究来看，社区发展始终存在两个外生变量：一是社会结构层面的变迁。其最主要的因素是市场化的经济体制导致的基层社区社会结构的变化；二是社会制度层面的变迁。国家力量在基层社区的微观逻辑发生了种种的变化。这两个外生变量“渗透”到基层社会，与社区自身的逻辑发生碰撞与融合。

但无论是乡村社区还是城市社区，更重要的是其内生的因素或模式。内生变量往往才是决定社区发展和维系社区秩序的关键因素。实际上，它们背后蕴含着两种价值取向：一是社会本位；二是国家本位。在现实的社区实践中，两种价值取向是混合交织在一起的。

在城中村社区，微观的村庄社会结构、社会时空和政治文化形态都被纳入城市之中。城市化输入的制度安排与社区原有的规范之间进行着复杂的互动，两者之间始终存在一种张力。一方面，城中村社区与外部大社会诸多方面的联系日益加强，逐渐融入宏观市场体系中。另一方面，城中村社区并没有发生乡村消解的情形，社区内聚力和自主性也并没有下降。恰恰相反的是，这种内聚力因为市场化环境的存在而更加的集中。这两者在城中村这一层面上不是自然结合，而是双方进行了错综复杂的策略互动，才逐渐找到逻辑上的共通性。城中村的社区秩序也因此面临重建。而对基层政府而言，重建城中村社区秩序并应对其所带来的后续反应，以实现有效的社区治理，将是一项全新的任务。

本书正是在“撤村改制”这一制度变迁的背景下，对城中村的治理赋予新意，并对社区转型中城中村的治理特点进行实证研究。与以往研究明显不同，在本书中，笔者力图以乡村社会在转型变迁中的实证调查资料为源泉，从理解城中村社会本身出发来达到理解城中村治理的目的。本书所研究时间段和主要内容侧重在“撤村改制”后城中村社区治理的变化。这也是笔者将本书的研究主题定为“制度变迁背景下的社区治理”的原因。

基于以上论述，本书研究的基本问题是：政府强制规划下的制度安排与城中村内在力量的互动关系及运行逻辑是怎样的；城中村社区治理呈现的特征，遵循的游戏规则；导致城中村现有治理格局的深层原因是什么。

三、研究意义

（一）研究意义

英语中的“治理”一词源于拉丁文和古希腊语，原意是控制、引导和操纵。长期以来，它与“统治”一词交叉使用，并且主要用于与国家公共事务相关的管理活动和政治活动之中。自20世纪90年代以来，西方政治学家和经济学家赋予了“治理”以新的含义：不仅其涵盖的范围远远超过了传统的经典意义，而且其含义也与“统治”相去甚远。它不再局限于政治学领域，而被广泛地运用于社会学领域。

当前，中国社会正处于一个快速转型的时期，新现象和新问题不断涌现，社会结构、社会功能、人的生活方式和需求、社会组织间关系日益多元化。在基层社区中，社区的利益主体及其需求也日益多元化，社区功能逐渐社会化。这导致政府是社区唯一管理者及利益主体的时代不复存在。

对城市社区治理而言，基层社区承接了由单位剥离的大量社会管理、社会服务、社会保障等职能。但社区居民物质文化需求在经济发展、社会进步的带动下多元化趋势也日益增强，导致基层社区难以满足社区居民的多样化需求。单位制的弱化及现代企业制度的建立，使得原来依附于政府的企事业单位成为相对独立的利益主体，单位不再是个人利益的唯一载体，单位组织与个人之间关系分离，社区成为他们真正的立足点。社区居民为实现自己的利益而参与社区治理，但街道办事处作为政府的派出机构，其在社区治理中的主体地位始终没有改变，其他利益主体的声音仍然薄弱。

近年来，关于乡村社区的研究不仅成为政界普遍关注的焦点（如关于“三农”问题的讨论），而且也成为学术界讨论的热点。其研究领域不断扩展，研究问题逐步深入。就社区治理来说，“乡政村治”①（张厚安，2000）这一新的治理格局作为国家理想化的制度设计被推行到乡村社会，却产生了并不理想的效果。尤其是20世纪90年代以来，乡村社会各种矛盾冲突，使政策决策者和学术界都把目光投向乡村治理的问题上。

乡村社区的治理问题，不仅包括乡村社会发展过程中出现的新问题，也包括围绕乡村社会变迁过程始终的话题。但是，就不同的研究方法和不同的理论关怀而言，其所产生的成果尚不足以形成对中国乡村社会全景性的诠释。由于地域差异等原因，乡村社区治理问题仍然存在大量的现实困惑，乡村社会研究仍然存在很大的探索空间。

本书研究的场域是中国乡村城市化进程中特有的城中村社区，关注的是“撤村改制”这一制度性变迁。这完全是一种新的历史进程。在城中村个案场景的基础上解释这一制度变迁的逻辑，将有力展现城中村内生力量与外部国家性力量之间的较量。

本书的研究对象较之李培林的“羊城村”、蓝宇蕴的“珠江村”、折晓叶的“超级村庄”、毛丹的“单位村庄”更具过渡意义。本书中所研究的城中村是一个处于逐步城市化进程中但还未被城市完全消解的村庄。它离城市距离较近（不仅是较近而是被包围在城区之中），随着城市的不断扩张，村里的农田不断被征用，昔日靠种田为生的村民不得不改变以往的生活方式，过上依靠“种楼”和“股份分红”为生的生活。简而言之，本书研究的城中村是一个具有强制性、城市化和制度化特征的城中村。

城中村社区治理是一个有着自身特殊遗传社会基因的体制。环绕其外的是基于地域特殊性而带来的市场化和政府行政意义上的圈地过程，以及城市化治理方式的渗入过程。该社区治理的演变过程是村落外部政治、经济、文化、社会的资源与村落内生资源相互作用的产物。特殊的内部基因资源和外部环境资源的互动决定了该体制演变的基本内容、特征和走向。

因此，本书的研究更具敏感性、过渡性和探索性。随着我国城市化进程的加快，未来城中村的数量将会不断增加，相关制度变迁的研究也会不断增多。本书只是为将来更深入的研究铺路搭桥。

目前，城中村社区仍然处于社会转型和制度变迁的过程中，因此目前对此进行社会学和政治学的考察，这不仅具有突出的现实意义，而且具有重要

---

① “乡政村治”这一术语是张厚安教授对实行村民自治后乡村关系的一种概括。所谓“乡政”，是指乡镇作为一级政府组织进行社会管理，属于国家的范畴；而“村治”则指村庄实行村民自治，属于社会的范畴。可见，“乡政村治”是从组织性质和法律关系的角度来观察乡村关系的。乡村之间的实际关系远比这一术语丰富和复杂得多。

的理论价值。

第一,研究社区的一个重要任务就是研究社区结构的合理性和运行方式的科学性。本书的研究切实想在制度变迁的背景下,在社区治理的脉络中把握城中村社区中居委会和村公司两个组织的互动关系及其内在逻辑。理论上,本书的研究力图通过城中村来阐明:强制性的制度变迁,虽然使村落被纳入城市范畴,但地方政府无法切实地做到保证城市化待遇供给,并且乡村社区内的集体经济作为一个具有历史延续性和经济强化性、身份归属性的内聚力综合组织体系,因其经济形态的单一化和地域色彩,它在相当一段时期内具有稳定性。

由此造成城中村"双轨政治"的治理局面:一方面是政府行政力量为代表的社区行政性而非自治性的社区居委会,另一方面是以经济方式存在的社区企业单位并且兼顾自治色彩的村公司。两者之间的社区互动构成了城中村特有的治理模式。

第二,从国家与社会关系的意义上而言,基层社区服务的对象是最具体的居民,管理和服务也是社区中最具体的社区公共事务。这在城中村具体表现为服务对象是村民与外来人口,社区公共事务也针对不同群体而产生。这些管理服务活动是国家与社会关系最具体的体现。

而在城中村中一个最显著的特征,即国家与社会的"边界"在一定程度上产生了错位:社区居委会行政化主导而自治性弱化,村公司企业性不足而社区性逐步强化。这也带来了城中村社区的政治、经济结构的变化,从而提示我们在分析中国乡村问题时,应当超越国家与社会的研究分析框架。

第三,本书的研究为基层社区治理过程中的工作瓶颈找到理论源头,为村公司的强势社区地位找到合法性。对于城中村社区居委会而言,日常工作的开展经常遭遇碰壁且有时需要村公司的协助。其朴素的解释是村公司与社区之间缺乏利益牵制。但是如果作细致考察,可以发现,居委会的自治性质和行政性质之间发生了角色背离。这是城中村特有的现象,也是强制性制度变迁实施后的成本之一。

村公司作为乡村社区长期的自治及经济合体,内含着丰富的社区资本。在社区治理和本土资源的思路与机制中对村公司进行深入分析,可以发现村公司内含城中村社区发展能够借助的社区力量。这在一定程度上成为村公司权力地位的合法性来源,也成为促进市场化进程乃至实现建立公民社会目标所倡导的一种路径依赖。

(二)研究的局限

城中村是一个非常棘手的问题。它的发展进程与国家和地方政府的制度安排相联系。本书的研究采取"小题大做"的方法,只选择城中村的某些方面进行研究。因此,研究难免存在局限性。就本书的研究,它只是一种形式上的"撤村改制"。在广州市天河区针对不同城中村还形成了另外具体形式的改制。如在蓝宇蕴博士研究的"珠江村"所进行的撤村改制一项具体的内容是在原有的村委会基础上重组城中村社区居民委员会。这里的居委会人员都是由村民群体构成，相对来说与所属街道办事处的关系要薄弱些。在个案选择时，本书的研究在分析研究方面力求以现状描述为主，以分析为辅，对许多问题的观点不一定准确，而且未能与其他类型改制的城中村进行比较研究。这是一项缺憾。

另外，在时间跨度上，本书的研究时限较短。即本书仅仅是对撤村改制后的现状进行描述，而对城中村历史的审视完全是借助文本资料。这是因为我们无法找到城中村前期相关的研究成果。本书所涉及的村庄也完全是新介入的村庄，一切都从零开始，并且所选个案村的历史档案很少，没有研究者对这些村进行过这方面的研究。此外，受研究周期的局限，本书不可能做到面面俱到。

第二节　文献回顾

一、有关"治理"

英语中的"治理"可以追溯到古代拉丁语和古希腊语中的"操舵"一词，其原意主要指控制、指导或操纵，与"统治"的含义交叉。1989 年世界银行概括当时非洲的情形时，首次使用了"治理危机"一词。此后"治理"便广泛地被用于政治发展研究中，特别是被用来描述后殖民地和发展中国家的政治状况。

20 世纪 90 年代以来，西方学者，特别是政治学家和政治社会学家，对"治理"作出了许多新的界定。治理理论的主要创始人之一罗西瑙认为，"治理"是"一种由共同的目标支持的活动。这些管理活动的主体未必是政府，也无须依靠国家的强制力量来实现"(罗西瑙，1995：5)。罗茨认为，"治理"意味着"统治的含义有了变化，意味着一种新的统治过程，意味着有序统治的条件已经不同于以前，或是以新的方法来统治社会"(罗茨，1996)。

库尔曼和范・弗利埃特指出，"治理的概念是，它所要创造的结构或秩序不能由外部强加；它作用之发挥，是要依靠多种进行统治的以及互相发生影响的行为者的互动"(库尔曼，1993)。

在关于治理的定义中，全球治理委员会的定义具有很大的代表性和权威性。该委员会于 1995 年发表了一份题为"我们的全球伙伴关系"的研究报告，对治理作出了如下界定：治理是个人与机构、公家与私人治理其共同事务的诸多方式的总和，是一个持续不断的过程；在这个过程中，可以使对立的或各异的利益彼此适应，可以采取合作的行动；它既包括为保证人们服从的正式制度和体制，也包括人们同意或以为符合其利益的非正式的安排。

研究治理理论的另一位权威格里·斯托克对目前流行的各种治理概念作了一番梳理后，认为目前作为一种理论的"治理"有如下五种主要观点。

第一，治理意味着一系列来自政府但又不限于政府的社会公共机构和行为者。它对传统的国家和政府权威提出挑战，认为政府并不是国家唯一的权力中心。各种公共的和私人的机构只要其行使的权利得到了公众的认可，就都可能成为在各个不同层面上的权力中心。

第二，治理意味着在为社会和经济问题寻求解决方案的过程中存在界限和责任方面的模糊性。它表明，在现代社会国家正在把原先由它独立承担的责任转移给公民社会，即各种私人部门和公民自愿性团体。后者正在承担越来越多的原先由国家承担的责任。这样，国家与社会之间、公众部门与私人部门之间的界限和责任便日益变得模糊不清。

第三，治理明确肯定了在涉及集体行为的各个社会公共机构之间存在着权力依赖。进一步说，致力于集体行动的组织必须依靠其他组织；为达到目的，各个组织必须交换资源并通过谈判达到共同的目标；交换的结果不仅取决于交换资源，也取决于游戏规则以及进行交换的环境。

第四，治理意味着某个特定的领域将形成一个自主的网络。这一自主的网络在某个特定的领域中拥有发号施令的权威。它与政府在特定的领域中进行合作，分担政府的行政管理责任。

第五，治理意味着办好事情的能力并不仅限于政府的权力，不限于政府的发号施令或运用权威。在公共事务的管理中，还存在着其他的管理方法和技术。政府有责任使用这些新的方法和技术来更好地对公共事务进行控制和引导（格里·斯托克，1999）。

杰索普认为，治理概念的提出是基于社会资源配置中市场和国家的失效[①]这一背景，"愈来愈多的人热衷于以治理机制对付市场和国家协调的失败"，"治理可以理解成是由于有关各方对原定目标是否仍然有效发生争议而未能重新界定目标所致"（杰索普，1999）。

从以上关于治理的讨论来看，其基本含义是指在一定时空范围内，运用权威维持秩序，且这一权威并非只是停留在"国家"层面，其治理目的在于运用不同的制度规则去引导、控制和规范公民行动。从社会学的角度看，治理包括两个层面的含义：一是静态基础上的治理结构；二是治理结构基础上的

① 市场的失效是指运用市场的手段无法达到经济学的帕累托最优。国家的失效是指仅仅依靠国家的计划和命令等手段，无法达到资源配置的最优化，最终不能促进和保障公民的政治利益和经济利益。

治理过程。治理关注的是在特定范围内维持社会秩序所需要的资源和对基于资源基础上形成的权力运作方式。

治理概念的提出，为我们提供了一种新的规范理论。“它的价值在于，它是一种组织框架，可以据此求得变化中的统治过程的了解”（格里·斯托克，1999）。可以说，治理观点为“国家”层面和地方政府提供了一种思维框架。

二、社区研究中的“治理”

从以上关于治理概念的分析来看，治理意味着国家权力向社会的回归。随着社会的转型、政府间关系的调整、地方政府的改革以及中国基层民主政治的发展，国内众多的社会学、政治学和行政学学者已开始对地方治理（社区治理）问题给予极大的关注，并在不同的层面上取得了一些重要的研究成果。

近年来，治理理论被大量引入社区管理体制的研究当中，“社区治理”这一概念也随之被我国学者广泛采用。如马西恒在“社区治理框架中的居民参与问题——一项反思性的考察”一文中将社区治理定义为“以社区地域为基础，政府与社区组织、社区居民共同管理社区公共事务的活动，它体现为社区范围内的不同主体依托各自资源而进行的相互作用模式”（马西恒，2004）。

从这个社区治理的定义中可以发现，社区治理的本质在于多元主体对社区公共生活的合作管理，包括三个主要内涵：第一，社区主体多元。在社区这一空间里，社区公共事务的参与主体不是单一的，而是包括政府街道办事处、市场企业、社会自治组织、社会团体与中介组织及政党居民党支部等多种主体形式。第二，主体间协商互动。在社区治理模式中，各个主体存在着权力依赖和互动的伙伴关系。政府不能再运用政治权威，以单一的强制性的行政方式对社会公共事务实行全方位的管理。政府应与其他主体以合作协商的伙伴关系，平等地管理社区事务。第三，社区自组织网络形成。即对于社区事务，社区各独立主体可以在共同利益纽带下，无须外部的强制力干预，共同参与，平等协商，从而达成一致。

为了对相关的社区治理文献进行进一步的梳理，笔者将“社区治理”的文献分为以下几类。

（一）乡村治理研究

中国社区治理研究到目前为止仍是以乡村治理研究为主。自1998年华中师范大学中国农村问题研究中心的政治学者提出“乡村治理”这一更具包容性的概念（徐勇、贺雪峰，2002）以来，其研究成果不断涌现。可以分为以下几种研究视角。

1. 乡村治理过程中的"国家政权建设"呈现有限性

"国家政权建设"是指在现代化过程中以民族国家为中心的制度与文化整合措施、活动及过程，其基本目标是要建立一个合理化的、能对社会与全体民众进行有效动员与监控的政府或政权体系（龙太江，2001）。可见，"国家政权建设"作为一个学术术语，与我们日常生活中使用的"政权建设"的概念存在很大的区别。

从前面关于治理的定义看，其最大的特点就是政府不再是唯一的权力主体。因而在乡村社区治理中，国家政权建设体现了"有限性"的特征。这一观点以张静为代表。张静认为，对国家政权建设应当持一种开放性的思维，历次的"国家政权建设"并没有成功地解决国家管辖权的实质性扩张问题，更没有发展出制度化的方法来使国家权力的象征地位稳定地转变为实质意义的管治地位。从历史到现代，基层政权相对于中央权威并非是被动的执行者，它们已经营造出相当程度上的（非法律权利意义上）"自主"活动空间；它们的社会位置及其专门利益，无论相对于国家权力还是社会权力的发展，都具有相当程度上的"自主性"意义。人们的权利界定和实现，与国家的实质性关联仍然微弱，却与地方性权威单位的治理原则密切相关（张静，2007）。

从格尔茨的"地方性知识"（格尔茨，1999）中获取灵感，于建嵘和吴毅创造了乡村治理研究的姊妹篇《岳村政治》和《村治变迁中的权威与秩序》，分别从正反两个方向考察国家政治体系如何结构化到微观的村庄社区，并探究村庄自身的政治原生形态如何不断地发生历史性的更迭、重塑和建构。于建嵘认为，转型过程中的乡村治理要呈现一种"有限"主导的特征，受到乡村各种利益结构、国家能力、乡村传统、现代化及民主化等多种因素的制约（于建嵘，2001）。吴毅更进一步给这个转型过程植入现代化、结构化的因素，认为现代性、国家和村庄地方性文化三者之间的互动构建了不同时期的乡村秩序状态（吴毅，2002）。

贺雪峰从乡村治理的均衡出发认为，三个因素影响着社区秩序即农民的被剥夺程度、主导意识形态状况，以及国家行政能力。其中，农民的被剥夺程度越高，构成反抗国家的可能性就越大；主导意识形态越强，其内化程度越高，国家权力的合法性也就越大；国家行政能力越强，其对农村社会的控制也就越容易。在秩序均衡的状况下，以上三种力量之间可以达成相对平衡，即农民的被剥夺程度所构成的反秩序因素必须有意识形态和行政能力等方面的秩序支持因素予以平衡。反之，若农民的被剥夺程度并不严重，则均衡秩序并不需要强有力的意识形态和行政能力来予以支持（贺雪峰，1999）。

2. 村庄治理中的治理精英角色

伴随着近代社会变迁过程,除了国家政权的深入和扩展之外,其另一规范性内涵“基层代理人”的研究也引人注目。早期的基层代理人为士绅阶层,有关的“士绅研究”关注点多放在地方领袖和精英的活动背景层面,了解他们通过什么方式进入国家体制,或他们是通过什么机制被整合到国家权威中去(Joseph W. Esherick,Amary Backus Rankin,1990)。

国家政权建设的打击,改变了乡村旧有的领导机构,建立了新型的领导形式。杜赞奇的经济理论则是对这一新型领导形式的深入研究。他认为国家政权的延伸导致社会进一步被压榨和破产,同时带来了社会政权与社会利益的分离问题,国家政权建设陷入“内卷化”境地(杜赞奇,1995)。

美籍华裔人类学家萧凤霞在“华南的代理人和受害者”一文中,通过考察华南乡村社区与国家关系的变化过程后提出,传统时代中国的地方社区离中央权力机构行政控制中心较远,具有较大的自主性;当时的国家主要是利用地方精英网络来控制民间社会和社区生活。20世纪以来,国家的行政权力不断向下延伸,社区的权力体系已完成了从相对独立向行政“细胞化”的社会控制单位的转变。地方干部通过国家而获得权力。因此,国家的意识形态和政策方针是他们权力合法性的唯一来源,从而变成了国家在农村的代理人,而不是村民利益的代言人(Helen Siu,1989)。

“改革开放以来,全国各地涌现的明星村大多为能人型治理模式。所谓‘能人型村治’,就是由一个或几个强有力的能人主导和支配公共权力运作。”(卢福营,1998)有关研究还发现,这些村庄权威人物的权力均具有制度化特征,并且这种制度化多不是国家力量而是基层自治与市场条件下权力结构自然演化的结果。权力制度化又促使这些权威人物成为变动不羁、日益复杂村庄事务的当然抉择者。仝志辉、贺雪峰在“村庄权力结构的三层分析”一文中提出了“治理精英—非治理精英—普通村民”的分析框架,将权力结构分析细化至不同类型的村庄,并深入探讨了村级权力的合法性问题(仝志辉、贺雪峰,2001)。

从村庄治理精英的视角来探视社区治理的研究,重点多放在治理精英的角色定位层面,但是很多时候忽视了村庄内部情况的考察,只关注被看作“经纪”的村干部行为本身及其个人的行为选择,未看到村干部行为事实上受到了村庄内部性质的根本性约束(张静,2006,2007)。

3.市场转型下的乡村治理

沿着市场化和政府关联的研究路径,戴慕珍和魏昂德更进一步地阐释了地方政府与经济之间的密切关联。戴慕珍在“中国地方政府公司化的制度基础”一文中从地方官员的态度入手,认为农村地区的经济发展与地方官员的积极运作密不可分。基层官员的角色兼顾中央和地方,并与自身的政治利益相联系。戴慕珍在对中国乡镇企业发展的分析中提出了“地方政府法团主义”的理论。在她看来，20 世纪 80 年代以后的中国乡镇企业崛起的主要动力并不是中央政府，而是地方及基层政府。在各地的乡镇企业发展中，地方及基层政府不仅提供行政服务和参与投资决策，而且与乡镇企业一起承担风险并分享企业的收益。地方及基层政府与本地区的企业形成一种相互依赖、相互合作的利益共同体或合作体。这里所说的乡镇企业，在产值、利税及劳动力就业方面与本研究所涉及的城中村村公司有很多相似之处。戴慕珍的分析和解释对乡村集体经济的生成和发展提供了理论上的支持和启示。

魏昂德在 1995 年的《美国社会学学刊》也以“政府即厂商”为题阐述政府已是市场经济中的必要一员，地方政府已经从事经营，以厂商的角色参加市场活动。越是远离中央的政府越是有能力成为厂商。“远离中央权力”，在魏昂德看来并非是一个地域概念，而是一个科层概念。所以，级别低的县、乡政府比级别高的省、市政府更远离中央。

在市场转型所导致的社会再分配问题上，倪志伟和林南从不同的研究区域得出相反的结论。倪志伟认为，在转型过程中再分配机制不再是单一的政治导向，市场的权重会愈来愈大。“随着权力——对资源的控制——越来越由政治结构转向市场制度，报酬的分配将会朝着有利于掌握市场权力而不是再分配权力的人的方向转变”（倪志伟，1989、1991、1992）。但是，再分配机制并没有退出社会分层体系，并与市场机制同时起作用，但权力“越可能处于市场制度和私有买卖双方的社会网络关系中”，在向市场转移以及相应的产权变化后，行政精英在分层秩序中的主宰地位将被削弱，而且其政治资本将逐渐贬值。相反的是，林南以天津大邱庄为例，认为市场行为能够巩固甚至加大再分配的权力。其根本原因在于家族网络的存在使得政治权力结构能够超越市场经济体制，家族关系随着代际传承而持续发展，政治权力则可以继续下去。家族网络成为村落政治权力的基础，是转型经济中的重要现象。

折晓叶则关注市场化给区域社会带来的冲击。她以广东深圳的万丰村为个案，“将乡镇企业的兴起和农民外出流动这两大热点置于对一个农村社区的观察和研究之中，描述了在中国农村的非农化过程中，由外来力量和村庄内生的经济社会结构的相互作用所推进的乡村变迁”（贾德裕，1998）。折晓叶认为中国乡土社会结构具有很大的弹性，在市场化的冲击下，乡土社会秩序被延续下来，并且成为社区发展的一个重要的依托，传统社会关系和新的经济关系相互重叠，构成了超级村庄的独特治理机制。

市场化的力量给乡村治理带来了巨大的冲击。无论是经济本身，还是经济与政治的结合都在社区治理中扮演了重要角色。正如李培林所说：“一个由血缘、地缘、宗教民间信仰、乡规民约等深层社会网络连接的村落乡土

社会,其终结问题不是非农化和工业化就能够解决的。”(李培林,2002)

4.乡村治理中的村民“自治”

改革带来了农村社会的巨大变迁。与农村经济体制改革和政治体制改革深入相伴随的是农村社会生活自主性的增强,是农民对乡村社会事务介入的逐步加深,是国家社会关系的重构,是农村治理结构和治理方式的全面变迁。以往的国家政权自上而下单向性运用权力的管理模式,逐渐为一种全新的、以国家政权和农村社区合作运用为特征的治理模式所取代。

所谓“村民自治”,指的是在中国农村推行的一种社区制度。它的主要特点是由村民自己决定属于本村内部的事务,其他组织和政府无权干涉,即村民通过实行“民主选举、民主决策、民主管理、民主监督”,自我管理本村的公共事务和公益事业,调解民间纠纷,维护社会治安等(程同顺,2000)。

就村民自治的发展历程来看,从民国时期开始直至今日,直接参与乡村治理的有三种不同性质的权威:一是官方的权威,主要是乡镇政府;二是纯民间的权威,主要是乡村自发形成的民间组织和体制外的乡村权威;三是介于政府与民间两者之间的公共权威,主要是政府支持并由法律规定的乡村自治权威组织。这三类权威造就了乡村社区特有的秩序形态(徐秀丽,2004)。

就治理模式来说,张厚安、徐勇、项继权等学者在对全国22个村的村级治理的调查和比较后发现,农村实行村民自治后,由于各种因素的影响,形成了传统型、能人型、法治型三种村治模式(张厚安,2000)。

围绕村民自治的内容,学者们较多探讨的问题是村级选举、两委关系、宗族问题、治理的乡村社会基础、人口流动对村级治理的影响、一级乡镇层面的乡村关系、乡镇体制改革、税费改革对乡村治理的影响等(范瑜、贺雪峰,2002;刘亚伟,2002;胡荣,2001;仝志辉,2002;王振耀,2000)。

就治理的效用问题而言,仝志辉认为村民自治因具有竞争、参与和自主机制而在维护农村社会稳定中发挥重要作用。它能最大限度地减少非制度化参与,增强农村的动员能力,避免做出危害农民的不良决策,重建社区内的规范体系,有效约束村组干部不良行为,抵制乡镇过度提取(仝志辉,2002)。王振耀、白钢、王仲田等学者经调查研究发现,村民自治中的村民代表会议制度和村务公开制度促进了农村经济的发展,增强了村民的相互监督和自我约束,减少了村民之间、村民与村干部之间的误会和摩擦,改善了干群关系,化解了矛盾,促进了农村的社会稳定和两个文明建设(王振耀,2000)。

但是村民自治这种治理体制也存在一定缺陷。肖唐镖对江西、安徽九个村的调查研究发现:村民自治存在一定的管理真空、效能低下、村级组织的功能单一化趋势等问题,运转较好的只是完成了上级政务,而涉及经济、道德、文化等方面的公共秩序已出现不同程度的失衡。换言之,即向农民取多予少,为社区提供的公共产品明显不足(肖唐镖,2001)。另一个值得关注的问题即两委(党支部委员会和村民委员会)之争。有学者甚至认为两委冲突的背后实际上是两种政治逻辑之间的冲突,即传统“自上而下”的权威授予方式与以村委会选举为代表的“自下而上”权威获得方式之间的冲突(景跃进,2003)。

从已经发表的关于村民自治的研究成果来看,多数人更热衷的是对其政治效应的分析和研究,至于村民自治在社会和经济方面究竟产生了哪些积极效果和不良后果,尚缺乏系统性的研究,如缺乏多个层面的纵向和横向资料的比较分析。至今我们尚不能得到有关村民自治的社会和经济后果的清晰图像,更缺乏有学理性思考的研究分析。在现代化及国家权力扩张的宏观背景下,农村村民自治缺乏发育和发展的空间和条件,而农村和农民也缺乏实际民主的能力、资源和需求,真正意义上的村民自治不可能生存和正常发展(肖唐镖,2005)。

小结:贺雪峰对当前的乡村治理研究概括为三大主题。第一,中国农村“温饱有余、小康不足”的状况无法支撑起各种现代的乡村治理制度。这是对中国农村长远制约因素的思考,属于宏观层面的研究。第二,制度安排对乡村社会性质深刻依赖,同一制度安排在不同性质的乡村可能具有截然不同的效果。这是对中国农村现实非均衡的判断,构成中观层面的研究。第三,作为农民生产、活动和娱乐三位一体之空间的村庄在短期内不会消失,村庄治理是乡村治理的核心内容。这属于对村庄的微观把握,是乡村治理研究的基础,也是其落脚点(贺雪峰,2005)。从以上乡村治理的文献中可以发现,目前国内的研究大多集中在第三个层面上,而对前两者的研究相对要少一些。

毫无疑问,基于治理视角的乡村社区研究都在不同程度上描述和分析了中国乡村社区在近半个世纪以来从原来较为自立和自治的社区转为国家全民社会一体化之“细胞”的过程。这些研究或关注治理变迁的历史渊源,或关注治理变迁与经济发展和社会流动的关联,或关注治理变迁的制度设计,对我们认识我国乡村社会治理提供了许多相关性结论和方法论启示。但是,它们对村级治理的发生、发展过程,表现形式,目标导向及运行过程中的内在机制等缺乏应有的关注。

此外,把社区置于国家—社会关系的宏观的开放的分析框架之中,人们对国家权力、政策、文化、意识及个人和民主的影响、作用等给予了重点关注和研究,但是“能否在全社会民主政治发育不足的背景下,率先发展乡村社会的民主政治?迄今为止,尚无历史经验证明这种可能性。成功的政治制度改革走的是与此相反的道路”(党国英,1999)。

(二)城市社区治理研究

1986年,为配合城市经济体制改革,民政部首先倡导社区服务,在城市开展以民政对象为主的福利服务和便民服务。从此之后,社区服务走进千家万户,深受广大群众的欢迎。但随着社区服务的普及和深入,社区服务的概念已无法涵盖实践中社区服务的内容。在这种情况下,社区建设便作为加强城市基层政权建设、改革城市基层管理体制的重要思路和重大举措被提出来并得到了各级党委和政府的高度重视。20世纪90年代以后,伴随着城市社会单位制向社区制的过渡,以“权力中心下移,权力明确下放”为方向的城市社区管理体制创新逐步展开,国家权力逐渐从社会领域退出并向社会回归,基层政府的制度创新和组织创新促成街区权力分化与重组,城市社区秩序也发生了明显的变化。

对城市社区的治理研究,可以分为以下五种研究取向。

1. 城市社区治理带来了基层民主及公民社会的发育

在社区建设与发展中,其中具有代表性的研究是关于基层民主和公民社会层面的。其核心观点是认为社区居委会促进了中国基层民主发展。

林尚立认为:“如果基层政治能够及时反映和吸纳与经济发展直接相关的基层社会的变化,那不仅能够为整个民主发展积累宝贵的政治资源,而且也能有效地缓解经济和社会发展给政治体系带来的过大压力,以保持社会和政治稳定。”另外,基层政治民主发展,也为公民在广泛而直接的政治参与中增强民主意识、提高民主能力提供了重要基石(林尚立,2003)。徐勇也认为社区居委会的组建创造了国家与社会分权治理的一种新模式,有力地促进了公民社会的形成,并推进了公共服务意识,改善了党和政府的治理(刘春荣,2005)。西欧学者德拉斯和科尔迪德从民主促进论观点出发,关注由社区建设带来的组织变化及其政治含义,也期待着由社区建设带来的激进结构(James Derleth & Daniel R.Koldyk,2002)。

2. 城市社区治理中“国家政权建设”的努力

与林尚立、徐勇持的基层民主发展论立场不同,朱健刚则是从加强国家政权建设,更明确地说是从党政体制的立场论出发探讨基层民主。他认为,就基本的关系格局而言,城市基层社会存在“权力的三重组织网络”,即街道办和居委会构成正式权力网络,社会中介组织构成非正式权力网络,街道党工委对上述两重网络渗透构成党的组织网络。在这三重网络中,国家力量是通过许多非政府社会组织纳入行政参与过程来进行有效增长,如城区管理委员会的建立。另外,社会组织网络即社会空间的扩大也依赖于国家行政力量的扶持和推动,如会馆的建立。而且,以社区管理委员会为枢纽的社区组织网络的扩展将会进一步扩展社会中间层,使社会自治领域得以同时延展。因此，在中国街区范围内，国家与社会自治空间之间并非一定是此消彼长的关系，而是正在实现良性互动与相互磨合。但它们之间的制度性权力界定目前还不明确，行政权力的膨胀和监督缺乏存在着诱发冲突的可能性，因而这种关系仍然是脆弱的(朱健刚，1997)。朱健刚在上海市五里弄街道社区案例研究中使用"地方行政建设"概念指出城市基层行政权力增强现象：城市社区正在打破以往较为自立的社区而受到国家行政力量的不断渗透和强化，从而成为全民社会的一个行政细胞(朱健刚，1999)。

在朱健刚这种行政建构论观点下，居委会选举的含义并不具有社区民主化或政治民主化的特点，而仅仅是一种新的加强社区行政或基层行政体制的过程。比如上海的"四级网络建设"(四级网络是指市政府—区政府—街道办事处—居委会)实际上是一个政府力量向基层的渗透的过程和居委会被行政化的过程。因为即便是民选之后的居委会，仍然是上层行政体制的延伸：居委会不再是居民与政府的中间层，而是政府本身，它在上级政府的领导下代表对城市基层行使行政管理权。这使得居委会的自治功能弱化，"尽管政府力图采取各种措施来发掘居委会的民主功能(如开始进行居委会的直接选举)，但要把本质上相互冲突的两类功能(基层统治和基层民主)融入同一种组织形式之中，却是非常困难的"(桂勇、崔之余，2000)。

3．社区治理中的组织研究

李友梅通过对城市基层社区组织的实际运作过程的考察，从地位、权力和规则的原创性与合法性角度探讨这些基层社区组织之间的关系，认为城市社区存在"三驾马车"(居民委员会、业主委员会和物业管理公司)，它们有各自的工作载体，也有各自的运行逻辑，但它们在实际运行中有资源互补的依赖关系。在面对现实基层生活中的具体问题时，每个组织都有资源共享的要求。而在需求满足的过程中，经常会出现组织间诸如原则、对策、人力、场所等方面的"交易"，这种关系的构造离不开社会行动者的参与，关系建立的过程往往是参与者为支配某种格局而在"行动领域"中进行"协商"或"交易"的过程，由此形成了偶然性的社会秩序。同时，基层社区组织之间为了得到居民的认同，获得资源共享，甚至为了使变化成为可能，在实践中逐渐形成了竞争、合作、冲突等关系形式。在"行动领域"中，行动者不能以其正式组织的规则来处理与其他组织的关系，遵循的是"行动领域"的规则(李友梅，2002、2003)。这三个组织之间的关系所体现的正是城市基层社会的深层权力秩序。

张虎祥的博士学位论文《社区治理与权力秩序的重构——对上海市康健社区的研究》以治理方式作为研究的切入点，通过上海市康健社区治理实践的研究，探讨"三驾马车"的协调方式，提出当代城市社区的权力秩序发生了巨大转变，传统的权力秩序正在经历着从"结构"到"解构"直至

“重构”的过程，基于行动者的行动秩序不断改变着现有的权力秩序，并在此基础上探讨基层城市社区治理中权力互动与秩序重构的内在机制（张虎祥，2005）。

何艳玲在她的博士学位论文《后单位制时期中国街区中的国家与社会》中探讨三个街区组织“基层政权”“市民组织”“居委会”围绕公共问题时所产生的互动过程和方式，认为在城市街区中形成了一种“策略的地方合作主义”的治理格局（何艳玲，2005）。

实际上，基层民主、社区政权建设与社区组织这三种研究视角是高度重合的。一方面，社区建设中来自市场、民间社会的力量获得了更大的体制性空间，并初步形成了自身的资源汲取、获得机制与利益表达途径。另一方面，国家基层政权建设不断加强，政权重心进一步下沉——这两个过程以一种微妙的方式胶合一体。这种观点试图结合自上而下和自下而上的视角去洞悉不同利益群体在社区实践层面上的行动策略（孙立平，2004），或者去分析国家和社会力量在社区建设过程中的微观互动图景（赵联飞，2003）。由此看来，研究者关注的问题主要是不同组织间的权力冲突、社区组织的角色定位和错位以及所造就的社区秩序等问题，试图发现那些始终存在于国家与社会之间、社区组织体系之间、组织行为的认同机制与指令协调机制之间的制度张力（张虎祥，2005）。

可以看到，以上这些关于社区内组织的研究都不约而同地将“国家的微观概念”具体到社区及社区组织的权力结构与权力关系。就社区组织的研究来说，相关研究普遍认为通过大力培育社区自治组织，社会将以自下而上的方式形塑社区组织关系和权力秩序，进而影响宏观的国家与社会关系。中国社区建设的底蕴在于构建或培育中国的市民社会，而社区建设已经实实在在地成为市民社会赖以形成的载体，并将推动我国市场经济体制的成熟和民主政治的完善（李骏，2003）。徐勇也认为，应该强化社区建设的自治导向。这是因为，社区居民自治是低成本的管理体制创新，有利于扩大公民政治参与和加强基层民主，并在自治基础上重新塑造政府，实现政府与社会关系的重构（徐勇，2001）。

4. 城市社区治理中的政府角色问题

由于城市社区居民自治起步较晚，其研究显得相对单薄和不足。就目前的研究状况而言，一般关注较多的领域是“社区自治”概念的考察与辨析，社区自治发生的社会基础，社区选举，政府、社区与居委会三者关系，社区自治的路径选举，社区建设与城市基层管理体制的改革，城市社区自治同农村村民自治的比较等（尹东华，2006）。相对而言，城市社区的自治过程中，政府的主导作用往往更加明显。这些作用主要表现为：培育社区、强化社区服务、鼓励社区参与、重视社区组织、加强社区规划（徐勇，2003）。

“要实现社区的有效治理，真正发挥左右社区的功能和作用，必须调整公共权力的结构、配置，建立健全社区组织体系，也就是要重构社区治理结构。这样一来，由政府所倡导的我国城市社区建设的过程也就成为政府自觉、不自觉的重建社区治理结构的过程。”（窦泽秀，2002）

随着市场经济的发展，政府越来越没有能力和必要，也越来越不适合以其“行政式”的方式具体管理日益复杂的民间事务，“小政府、大社会”的社会管理和发展格局越来越成为一种客观的发展需要和趋势。那么具体到城市社区治理过程中，对政府应当扮演什么样的角色、发挥什么样的作用，理论界的认识仍有较大分歧，争论也较多，但大致可以归纳为四种意见：一是应该在社区建设中加强政府的作用（唐新忠，2000；许放明，1999）；二是在社区建设中应逐步削弱政府的作用（林尚立，2003；潘小娟，2004）；三是根据不同发展阶段动态调整政府的作用力度（徐雪松，2003；黄序，2002）；四是行政导向与自治导向应该平衡发展（徐勇、徐永祥，2001；王涛，2003）。

5. 城市社区的治理模式问题

社区治理的绩效高低也直接关系城市的政治稳定和社会发展。我国城市社区治理模式随着社区发展目标的调整而发生变化，从过去的行政性社区——政府主导型的社区治理模式到合作型社区——政府推动与社区自治相结合的社区治理模式，最后发展到自治型社区——社区主导、政府支持的社区治理模式。当然，有些地方也存在几种治理模式并存的现象，但这些都与整个社会制度变化的大环境是分不开的。治理主体间的权力配置和互动方式，对于社区治理模式能否发挥授权效能、激发居民的参与意识具有重要的影响（王敬尧，2006；马西恒，2006）。为了有效实现社区治理，要加强社区法律制度建设，科学定位政府在社区治理中的角色、职能，扩展社区自治的空间，积极培育第三部门，推进社区管理体制的创新，培养居民的社区理念，从系统观上理解和实践社区治理，完善社区各项配套改革措施（李丽君，2005）。

当前社区建设中的改革实践是丰富多样的，各城市根据各自的具体情况，正积极探索适合自身地理、经济、文化等区位环境特色的社区治理模式，同时又相互借鉴和融合，推动着城市社区发展。

为推动社区建设这一进程，作为国家主管部门的民政部从 1999 年开始在全国 19 个省、自治区和直辖市选择了包括北京西城区、上海卢湾区（现归并黄浦区）、沈阳沈河区等在内的 26 个地点作为国家级实验区进行探索（严浩，2002），至今已经取得了一定成效（见表 1－1）。

表 1-1 城市社区治理模式对比

比较项目	青岛模式	上海模式	沈阳模式	江汉模式
核心特征	以社区服务为龙头,以提升社区功能来推进社区发展	以街道为社区载体,以行政力量推进社区建设	通过组织建立促进社区民主自治的体制完善	转变政府职能,明确政府社区功能
社区划分	由1 176个原居委会调整为521个社区,标准为小于街道大于原居委会平均规模1 340户	2001年底,上海共有99个街道办事处,3 407个居委会	由2 011个原居委会调整为1 295个社区,社区规模为1 000—1 500户	由248个原居委会调整为112个社区,小于街道,大于原居委会
组织体系	市、区、街、居四级社区服务体系,包括社区服务管理、服务求助和设施服务三个方面	二级政府 三级管理	社区成员代表大会 社区协商议事委员会 社区居民委员会 社区党组织 各类协会	社区成员代表大会 社区协商议事委员会 社区居民委员会 社区党支部
资源运行	政府投入,促进社区服务产业化,提倡驻社区单位资源共享,共驻共建	街道社区发展委员会依托小区创建发展社区	街道办事处是政府的派出机关;街道层面组织社区,同时又影响社区自治性质	区街政府做到“五个到社区”,即工作人员配置到社区、工作任务落实到社区、服务承诺到社区、考评监督到社区、工作经费到社区
推进方式	政府推进和社会化参与	政府推进	政府推进和民主自治	政府推进

小结:作为中国地方治理另一重要组成部分的城市社区治理,是在经济、政治和社会发生深刻变化的背景下,在全能型政府“失效”和“单位制”解体的双重基础上产生的。随着市场化改革的纵深发展,政府和企事业单位所承担的社会功能开始剥离开来交给社会,这是一个国家权力向社会回归的过程。治理的主体不再仅限于政府自身,“治理的过程模糊了界限又转移

了责任;治理否定了单独行动,肯定了权力之间的依赖;治理最终形成了参与者网络的自主自治;治理还认定,办好事情的能力并不在于政府的权力,不在于政府下命令或运用权威,但政府可以动用新的工具和技术来控制和指引,以彰显它的能力和责任”(格里·斯托克,2000)。

(三) 城中村社区的治理研究

国内对于城中村的专门研究,自20世纪90年代以来才出现。已有的城中村研究中,并没有专门的针对城中村治理研究,只是部分涉及。

蓝宇蕴的博士学位论文《都市里的村庄——关于一个新村庄共同体的实地研究》从城中村社区治理的主体意义出发,提出“新村社共同体”这个概念,认为“都市村社共同体权力模式”是一种“利益关联型”的拟家族化权力运作模式,其权力能力主要来自这个都市村社共同体内部成员之间的密切利益关联(蓝宇蕴,2003)。

谢志岿在《村落向城市社区的转型》一书中将城中村的秩序定位成“转制型城市化”,其原因在于城中村社区的过渡性和治理结构的不规范性带来了治理转型的不彻底(谢志岿,2005)。

李怀的博士学位论文《城中村改造中的地方政府、村集体与村民》从广州X村改造这一事件入手,发现传统的政治秩序遭遇了市场逻辑的强烈反抗,传统体制下以行政命令为中心的单向“组织化动员”秩序方式受到了明显的挑战,因而基层社会与地方政府在计划体制下的“依附性关系”已不复存在,基层社会力量获得了显著增长(李怀,2006)。

李俊夫的《城中村改造》一书则是在分析城中村现状和改造思路的基础上,侧重从土地利用的角度进行分析,认为城中村改造的前提是土地机制,指出城中村土地和房屋改制的具体政策架构,并运用土地资产经营理论,得出解决城中村改造资金问题的解决方案,提出“自下而上”以村为主体实施城中村改造的思路(李俊夫,2004)。

李立勋的博士学位论文《广州市城中村形成及改造机制研究》认为传统的城乡二元体制与政策造成了城市内部的城—村二元秩序格局,这也是城中村形成的本质根源;在二元格局下,城市和乡村各自发展的缺陷是城中村形成的具体背景,而社会协调系统的局限是城中村形成的社会因素(李立勋,2001)。

小结:从以上关于“城中村”的研究来看,无论是城中村的终结,村社共同体的逻辑,还是社区内部的结构关系等,其社会学意义上的理论色彩还不够浓厚,没有将城中村社区治理研究置于更为广阔的理论背景中去认识,对社区治理方面的研究也稍显薄弱。

(四) 国外社区治理研究

西方国家的社区治理研究相对我国较早,尤其是随着治理理论的兴起,治理在西方城市社区中得到了广泛应用。20世纪90年代，以美国学者奥斯特罗夫妇为代表的学者提出多中心治理理论，为西方国家的社区治理带来了新的挑战。

多中心治理理论相对于传统的单中心理论而言，意味着无中心、反对权力的垄断和集中化。而某些理论倾向性认为权力分散和更迭的存在常常引起被描述为混乱的事务状态。这种事务状态的特质是混乱的，并且缺乏解释这种事务状态的行动理论（迈克尔·麦金尼斯，2000）。

当代国外的社区治理研究主要集中在三个方面：一是关注政府治理范围和政府结构，即小政府和大政府的紧张和冲突成为每一级政府辩论的主题；二是治理精英的产生问题；三是治理机制及如何实现治理过程，由此带来的治理模型问题。（理查德·C.博克斯，2005）

世界许多国家分别形成了各具特色的社区治理模式，社区治理涉及的基本关系都是政府行为与社区行为的相互关系。根据政府与社区结合的紧密程度不同，可将国外的各种社区治理模式概括为三种主要类型：社区自治模式、社区混合模式和政府主导模式。

以美国为代表的西方社会基本上都采取了“政府负责规划指导、给予资助，社区组织负责具体实施”的社区自治模式。社区组织在这些国家的城市社区建设中处于主导地位，承担大部分的社区工作，但这并不意味着社区是脱离政府的独立空间。在重视社区自治、自我发展的同时，政府的统一规划和在社区发展中的“舵手”作用是不容忽视的（徐勇，2001）。

以日本为代表的社区混合模式注重政府和社区自治组织两者之间的分工合作，两者在社区治理中同时占据着重要地位。政府是政策、制度和资金的主要提供者，社区自治组织是政策与制度的主要建议者，城市基层政府除直接向社区提供公共服务的主要职能外，还与社区自治组织及社区内其他公益性团体相互沟通和协调，支持和促进这些组织向社区提供公共服务，政府在社区治理中的作用已不仅限于规划和一般的制度供给，也相当程度上参与社区具体共同事务中（叶南客，2003）。

以新加坡为代表的政府主导模式是由国家统一规划，政府有关部门负责制定社区发展计划和评估标准，公民咨询委员会、民众联络所、居民委员会等机构在政府指导下自主活动，并及时向政府反馈民众意见。各政府部门根据社区居民需要，调整规划和管理方式，按照是否达到社会服务的标准来评估各自治组织的业绩并下拨活动经费（王世军、于吉军，2000）。

各个国家的社会状况、经济形态和文化背景差异很大，各城市社区组织关系结构也截然不同，政府及其非政府组织的社区治理主体的地位、角色和功能也有很大的差别。但是，从中我们可以发现，这些社区治理模式存在三个共性，即治理主体多元化、治理方式合作化和发展方向自治化。这些共性意味着有效的社区治理实践必须遵循一些基本的具有规律性的社区建设经验。

小结:国外社区治理研究是基于西方社会的特定情境,其理论立足点是公民社会理论,强调社区存在多个治理主体,比如政府、公众、其他各种市场组织、非营利组织等。每个主体都有责任、有权利参与解决社区公共事务。这些主体之间会因为相互依赖而形成相互合作的关系,并最终形成一个自治的网络,也就是说,由社区各主体成立具有自治性的社区自治机构,自我管理社区内的公共事务,但它也需要同其自身之外的其他组织、网络、环境等形成联系,比如政府、社区内的营利性组织、非营利性组织、党团组织、社区居民等形成互动。但在一定程度上,西方社区治理研究缺乏对参与社区政治的各个主体的生活行动之逻辑的考虑,并忽略了由此带来的对社区治理的影响。

三、文献评述

就治理研究而言,乡村治理和城市社区治理是中国地方治理的基础,其治理的好坏直接关系到中国的现代化进程和政治稳定。长期以来,乡村治理的基本格局是“乡政村治”,在村民自治的实际运行中出现了诸多的问题(如两委之争)。在这些问题的背后都体现了两种政治逻辑之间的冲突,即传统“自上而下”的权威授予方式同以村委会选举为代表的“自下而上”权威获得方式之间的冲突(景跃进,2003)。而在城市社区中,随着市场化改革向纵深发展,政府和企事业单位所承担的社会功能开始剥离开来并交给社会,但是政府的主导作用仍然明显。

从以上有关社区治理的文献来看,无论是关于治理过程中政府角色、社区治理结构的产生和运作,还是治理模式和治理效果,都是站在国家与社会关系的理论视角上进行的,这些研究成果为笔者从事城中村社区治理研究提供了重要的素材和多角度的分析,是促使笔者进行理论思考的源泉。

就像分析空间位置关系需要坐标系一样,对任何对象的分析都需要一个参照系,那么,下面就有必要对国家与社会的研究框架进行进一步的探析。

在实证研究中“国家与社会”的概念既是相对应的,也是多层次的。对国家的研究总是与对社会的研究互为背景和条件,根据人们对国家的理解不同,社会的含义也不同。有研究者(郑卫东,2005)将国家和社会的概念区分为以下四个层次。

第一,“作为 State 的国家”,也就是吉登斯所谓的“现代民族国家”(吉登斯,1998),由人口构成的“社会”和领土等组成要素一起构成“国家”。

第二,“作为政府组织层面的国家”,“主要指各级政权组织及其正式制度组成的政府系统”(Edward S.Greenberg, Thomas F.Mayer, 1990)。除此之外，即是社会的领域。

第三,“作为政府机构公务人员行为体现的国家”。这暗示了国家并非铁板一块,不仅国家部门之间存在着不同的利益取向,政府工作人员在处理公务过程中也是理性行动者,也在追求自己的利益最大化,而普通民众日常生活中所形成的国家印象,主要来自于他所接触到的国家部门及其工作人员。这里,机构与个人的边界模糊了,“国家与社会的实体形象在一定程度上消失了,代之以国家社会互动过程所体现出来的权力关系”。

第四,跨时空记忆的观念层面上的国家,包括人们观念中有关国家形象的记忆、人们日常生活中直接感知到的各种国家印象以及当下政府的国家符号宣传等。这里,国家成了一种“想象的共同体”;与此相对应,也存在观念上的想象的“社会共同体”。而个体行动者观念中的国家构成结构可以反映国家对社会渗透程度(Michael Mann,1988)。

同时,研究者们还列举了四种国家与社会关系模式:①强社会—弱国家;②弱社会—强国家;③弱社会—弱国家;④强国家—强社会。第一种模式反映了传统自由主义的理念,即社会对抗国家;第二种模式反映了现代权威主义的要求,即国家宰制社会;第三种模式见之于中世纪西欧封建制国家和现代不发达政体。这三种模式都与中国的现代化与民主建设目标相背离。第四种模式被一些研究者们认为是中国现代化的一个理性选择,“中国未来国家与社会的关系模式应该是一种既能保证社会的独立性与自主性,又能充分发挥国家作为社会总体利益的代表对社会经济生活的协调与控制的‘强国家—强社会’的模式”(唐士其,1996)。这也构成了国家与社会关系研究的主流观点,成为 20 世纪 90 年代以来中国学术界研究的主要课题之一。任何理论和解释模式都有其自身的使用范围和目的,我们在运用国家与社会理论框架分析中国乡村社会结构和秩序形态的时候,就不能不注意理论模式自身的任务和目的,尤其是对不同基层社区的解释能力。虽然在一定程度上国家与社会的研究框架提供了新的分析视角和理论资源,但是还是需要对其在秩序、观念层次上进行深入、细致和系统的分析。而且任何一种理论模式都有其应用的限度,进而任何一种理论模式的效用是需要放在具体分析场景中加以具体辨析的问题(邓正来,1998)。

近年来,伴随着改革开放的深化和社会主义市场经济体制的确立,国家和社会的关系发生了全面而深刻的变化。政治领域的权力在减弱,经济领域和社会领域的权力逐渐增长,原先那种政治领域主导一切的权力“单极结构”正在向政治、经济和社会领域分享权力的“多极结构”转变(刘春荣,2002)。

就本研究来说,并不是在探讨城中村中国家与社会孰强孰弱,但是可以从这个研究思路出发，观察城中村社区中已经发生或者说部分成型的治理格局：市场化的进程一方面使得地方政府退出了城中村社区行政管理并摆脱了对村集体经济经营风险承担的责任；另一方面也动摇了基层政权在社区范围内的有效实施甚至是合法性的实施，让渡出了社区管理权给村公司，客观上加重了村公司的社区主导地位。由于基层居委会职能的缩小和部分弱化，居委会被直接暴露在城中村的复杂性面前，急剧增加了居委会治理工作的强度和难度，社区从原有的村落，有规则有秩序的村落向复杂的不规则、不稳定的为大量外来人口聚集的社区形态转型。因此，国家制度安排下的居委会，无论是从体制上还是从功能设计上，都面临着巨大的挑战。

很明显，从基本的社区形态上来说，城中村具有其产生和存在方式的特殊性，从社区治理格局上来说，城中村中的治理主体，国家意志的体现——居委会和社区代理人——村公司，双方的治理模式都存在着特殊性，“乡政村治”或者城市社区的自治模式都无法简单地对此进行解释。

而且对于城中村治理研究来说，更重要的是城中村正在发生的是两种治理模式的“对接”。因此，无论是传统城市单位社区中自上而下的行政架构，还是民主体制下的组织互动关联；无论“议政合一”时代的讨论，还是“议行分设”或村集体经济剥离后一般乡村社会秩序的研究中，均无法对应两种治理方式“对接”运行的内在逻辑。

本研究分析了城中村社区的管理中心——居委会、村公司以及它们之间的互动方式。在协调和合作中，制度性认同和身份性认同共同发生作用，甚至在很多情况下，身份性认同对于社区运作的影响力还要超过制度性认同。通过分析城中村社区制度变迁的逻辑，笔者指出，乡村社区治理从产生上来讲，一直是“乡政村治”的模式，遵循的是一种行政一体化的基层贯彻；但是随着城市中村落的发展、集体经济的壮大，村委会的身份发生了政治性、组织性和经济性的重叠，而且经济势力不断增长，无形中巩固了其社区治理主体的地位。

2002年广州市天河区政府下发了“撤村改制”相关文件，从此乡村变城市，村民变居民，同时村委会解体并重组成村公司，居委会入驻，城中村社区治理结构发生了变化。在这种新的社区运行体制背后，蕴含着社区准经济组织和政治组织之间围绕着社区治理权力开展的交换与合作。通过社区权力结构的分析，笔者指出，在城中村社区，治理主体间的互动促使社区秩序和社区治理处于一种特殊的稳定自治的过程中，而这种特殊的治理方式反映了社区治理逻辑正在发生巨大的变化。

那么现在的问题是，出于城中村社区的特殊性，已有的城市社区治理模式和乡村治理模式不能完尽地阐释城中村社区，无法涵盖城中村的治理现状。“国家”意识和国家政权建设在城中村社区中处于一种尴尬的境地，从前文中H村街道办事处负责人的感慨中也可以看出，基于国家层面的治理原则在城中村中并不能完善地发挥作用。正是基于这一具体的辨析，本研究认为，当以国家制度性供给为特色的居民自治成为一种常规性城中村社区景观时，便必须注意这种城市性新制度规则在村落场域中的具体运行，并注意在此基础上新的社区治理原则是怎样产生和发生作用的。

第三节 研究设计

一、研究思路

根据治理理论的理念，国家—社会的关系发生变化，面对社会公共事务，国家不再把自己看作唯一的解决者，而是调动各种社会资源和力量来解决。也就是说，国家正在逐步把一部分社会事务交给社会来做，逐步从某些社会管理领域退出，实现"小政府，大社会"的社会改革目标，而社会自身也由于参与公共事务管理逐步变得独立自主（冯玲、王名，2003）。

本研究拟以"撤村改制"这一制度性实践后的城中村社区治理为研究对象，考察基层政府和基层社区在城中村社区公共事务管理方面的治理问题，从而把握城中村社区治理的建构逻辑和过程。

为了使本研究的思路和内容更加清晰化，需要对涉及的几个概念进行明确的定义。"撤村改制"是本研究首先需要说明的一个概念。

"撤村改制"是一个特定的概念或说政治性的事件。它起始于1999年，广州市天河区对城市化程度较高的11个村和2个管理区依法实行撤村改制，即撤销村委员，建立居委会，成立集团公司或有限责任公司，承接原村委会的经济职能。当年就有5个村（石牌村、冼村、杨箕村、沙东村、登峰村）已组建企业集团，8个村（含管理区）成立有限责任公司①。

城中村经历了撤村改制，其最大的表征就是被纳入城市版图，成为城市规划范围内的政区。那么现在就有必要对政区、社区这两个概念进行区分。

在学术界，一般将社区看作是一个有一定地理空间、共同特质、归属感并且形成社会联系和进行社会互动的共同体。它注重共同的文化与价值，而不强调地域的差异。可见，学理上的社区在本意上是归属一种共同体，并由此而形成社会关系，与地域并没有必然的联系。而在政府和行政管理部门那里，则按照行政区划，将社区与地域明确结合起来，在城市社区中，就将行政区分的街道或者居委会看作是社区，在不同的社区建设模式中，对社区

① 广州市天河区信息网 http://www.guangzhou.gov.cn/yearbook/qs/00QS0506.html.

的这种界定也存在差异。可见,政府行政部门一般以行政区划为社区的分界,社区更多的是政区的内涵。而对于社区建设来说,理论界偏重于共同体建设,实际部门偏重于区域性建设。可以说,前者关心的是方法和过程,后者关心的是结果和成就(卢汉龙,2001)。

与学理性的社区相比较,从行政区划的地域性社区入手更具可行性和操作性。因此,本研究主要考虑的社区是建立在居住空间上的,与学理上的社区概念相比范围较为确定,也可以被看作是狭义的社区。更具体化到本研究的城中村来说,它不仅是村民的一般居住区域,还是一个村民权利的界定和保护单位,是一个农民所需公共物品的提供单位,确切地说是一个"村社共同体"的存在(蓝宇蕴,2005)。对城中村这种性质的定位,无疑也成为后续研究的观察视角。

在明确了这些概念之后,需要对制度变迁,具体来说就是"撤村改制"这一事件进行进一步的说明。对于制度的生成及其变迁的原因、动力和机制等,制度经济学家们已经进行过比较深入的研究,提出了理论上的解释。有的学者还对制度变迁的动力和机制进行了类型学的分析。如林毅夫就将制度变迁分为诱致性的制度变迁和强制性的制度变迁。在现实生活中,这两种制度变迁在一定程度上是结合在一起的(林毅夫,1991)。另外,项继权根据制度变迁的原因和动力主要是依靠诱导还是强制及是内因为主还是外因为主,将乡村社区的制度变迁分为四种理想类型(项继权,2002)。然而,这两种关于制度变迁的类型分析是不尽全面的:一方面该类型学的划分不能适应和满足多样性社区的制度变迁方式;另一方面这种划分更多的是从国家的角度、国家与社会的立场来解释制度变迁的原因。实际上,从中国的实际情况来看,转型既是强制性的,也是诱致性的;既是外生型的,也是内生型的(樊纲,1996)。

那么对于本研究来说,重点并不在于"撤村改制"这一制度本身,而是在于撤村改制后城中村社区发生了什么样的变化以及社区治理呈现出什么样的特征。

首先需要关注的是"撤村改制"的事实。作为地方政府来说,其制度设计是将长期以来处于"村治"状态下的城中村纳入城市范围,构建社区居民自治治理方式;剥离村级组织的双重身份,以单一的经济属性方式存在。

这个制度设计反映了地方政府对城中村社区的统治欲求,其预期目的是:改变传统的村治格局,将城中村纳入城市体系,成立居民委员会来承担村民自治任务,解组"政经合一"的村委会,以类似于"政企分离"性质,让其脱离行政支持背景,摆脱"单位化"带来的包袱,以单一的经济角色立足于城中村社区。撤村改制的制度预期,就是要让"类单位化"的村集体实现"权力回归社区",从而达到城市性的治理状态。

但是这一制度设计在遭遇了城中村现实后，这种逻辑发生了怎样的变化，也就是说制度实施后的实践逻辑是怎样的？

我们可以从吉登斯结构化理论那里得到启示："结构化理论中的'结构'，指的是社会再生产过程里反复涉及的规则与资源，我们说社会系统的制度化特性具有结构性特征，就是指各种关系已经在时空向度上稳定下来。我们可以抽象地把'结构'概念理解为规则的两种性质，即规范性要素(normative elements)和表意性符码(codes of signification)。而资源也有两种类型：权威性资源(authoritative resources)和配置性资源(allocative resources)。前者源于对人类行动者活动的协调，后者则出自于对物质产品或物质世界各个方面的控制。"(吉登斯，1998)

具体到本研究中来，拟借用规范性要素、表意性符码和权威性资源、配置性资源这几个概念，对城中村社区中的两大社区组织，新成立的居委会和改制后的村公司进行具体分析。从社区的经济生活切入，认为基层政府和村集体经济与城中村社区之间建立了默认和庇护型的关系形态，而在政治秩序中，从居委会的产生和换届中，发现居委会处于形式上的权威地位，而村公司的产生和选举实践使其处于社区实际权威地位。在社区管理方面，居委会为行政事务所累，社区管理规则呈"表意"趋势，而村公司承担了大量的社区事务，远远超过了其作为公司形态的职能，实际履行着社区规范的角色任务。

在城中村经济生活、权力精英和社区事务三个层面分析的基础上，可以得出这样的结论：地方政府的制度设计在城中村社区中发生了变异，并没有能够达到当初的制度目标，无论是社区管理层面还是社区生活方面，城市性的治理方式并没有能真正地进入社区，居委会无法占据社区治理的核心地位，而对于城中村中的村公司而言，虽然属性已经明确，但是在城中村治理中仍然承担着相当大部分职能，仍然扮演了村民群体代言人的角色。可以说，地方政府针对城中村的制度设计一定程度上未能达到预期目标。

城中村的治理实践重点在于作为地方政府代表的居委会和作为村民群体代表的村公司两者在社区治理过程中所建构出来的互动关系形态，尤其是后者凭借着社区本土性资源。那么就有必要对城中村的社区资源作进一步的分析。居委会和村公司在社区资源占有上的先天不同和后天强化带来了两者在社区治理中的不同地位：前者处于形式层面；后者占据实践层面。这带来了两者在社区治理规则上的反差：前者趋于表意；后者处于规范地位。进一步导致城中村治理呈现出"双轨政治"特征，居委会和村公司的权力互动焦点在于"户籍人口的社区管理"和"非正式经济"两个方面，这也就涉及城中村权力让渡问题。居委会让渡出"户籍人口的社区管理权"和"非正式经济的管理权"，从而谋求村公司对社区公共产品的物质和管理支持，由此带来了城中村特有的权力空间。

二、研究方法论

（一）方法论

我们从基层社区发展中可以看到，作为国家政治生活的重要组成部分，治理一直与国家基层政权、国家与地方关系、政府间关系、基层社区内部关系的构建与演变紧密联系在一起。作为国家权力和利益的主体之一，地方组织的作用与发展状况又始终取决于中央与地方集权与分权、集中与分散、控制与自治等关系结构调整与变革的方向。对于中央与地方的关系格局，有两种思维模式：一是建立强有力的国家，实现国家整体目标，最大限度地提升国家能力；二是保证地方富有发展、创新的活力和能力，促进地方经济的持续发展，形成繁荣发展的社会。为此，人们一直努力协调两者之间的关系，力图通过制度建构来不断完善中央与地方的权力均衡机制。而“撤村改制”这一制度性实践，无疑是人们两种思维方式的混同体，既有放权又有集权的内涵，是地方政府在面对新的社会环境下寻求新型权力关系结构和秩序道路的探索。

作为社区治理的研究，必然涉及社会结构问题。长期以来，作为一种认识世界的方法论，结构主义和功能主义在社会科学研究中具有重大的影响。在结构主义者看来，社会是一种客观结构，而自己构建的各种结构是自主的实体，具有真实的行动者进行“行为”的能力。这在很大程度上忽视了对主体行为动机、主观意义的理解，以及具有不同能力的社会行动者对社会世界的构建。而功能主义者像关注结构一样关注行动，认为人格、文化和社会间的区分对社会结构是必要的，且它们之间的相互作用所产生的张力是变迁和控制的根源，社会分化是社会变迁的主要形式，分化是导致个人和制度性强制的主要形式。

20 世纪 80 年代以来，新功能主义逐渐兴起，其代表人物有德国社会学家卢曼、明希以及美国社会学家斯美尔瑟、科勒米等。新功能主义观点的最有力倡导者是美国社会学家亚历山大。他首先使用了“新功能主义”一词，并提出了富有创建性的理论观点。

亚历山大认为世界是多维的，具有规范性和工具性，并且无论是行动还是秩序，都包含这两个方面的平衡和协调。在行动理论上，亚历山大指出行动是由外部环境的理性适应和内部的主观理解共同塑造的，人的行动是可理解的，但它同时又是实践性的和功利性的。人的应变行动并不等于经验观念上的个体行动，行为总是发生在一定的集体性结构环境之中的。行为要受到环境的制约，同时又通过生产和再创造，或通过使之改变来塑造环境（林聚任，2000）。

新功能主义有以下几个特征：①集中关注系统，将其视为相互关联的各个部分所组成的整体，各部分的行动相互影响；②同时关注行动和结构，既关注条件和手段，也关注状况和目标；③把整合解释为只是在面对越轨和控制系统时发生的一种可能性，整合确实蕴含着一种均衡观念，但这种均衡观念只是来自观察者的一种范畴，而不是基于行动者的一种范畴；④把文化视为一种自治的领域，社会化是一个关键的过程；⑤认为分化是社会变迁的主要过程；⑥集中关注理论阐述过程，将其视为一种独立于经验研究和观察的活动（高华，2003）。亚历山大综合了集体主义和个体主义，认为行动及其系统环境之间的因果是双向的，“如果我正确理解了行动，那么这些环境将被视为行动的产物；如果我能正确地理解环境，那么这些行动将被视为环境的结果（亚历山大，1991）。但尽管如此，亚历山大对环境的探讨还是要比对行动的探讨宽泛得多。他更多的是探讨环境塑造行动的方式，而不是行动构建环境的方式。

本研究将借鉴亚历山大的新功能主义理论，通过分析社区生活实践过程中的行动与环境结构的关系来观察社区治理过程。在城中村社区生活过程中，社区治理秩序的建构往往与规则相联系，体现为特定时期内或时间段的结构性特征。这些规则既包括完全外来的制度性规则体系，也包括社区内生的规范，以及这两者相互融合的实践规则。根据这些规则，不同的行为主体又造就了不同的社区秩序，而要观察社区秩序的变动过程，必须要深入社区中不同主体以及它们的关系连接，分析其关系形态与内在逻辑。而就治理秩序本身来说，是不断结构化和过程性的，因此又需要在社区行动者（政治人）之间的互动过程中来把握。这是属于行动过程的观照。另外，也需要从结构性的立场，分析社区行动者“制度化实践”之后的社区结构。

（二）个案研究方法

在社会学的研究中，个案研究的方法经常被运用于社会现象比较复杂、有关的理论又不十分完善的场合。个案研究的方法所涉及的调查对象较少，因而能够对较多的项目进行调查，比较容易形成完整的印象，同时便于研究者根据调查的发展及时修改自己的调查内容及研究方案。与此相比，样本调查由于调查对象较多，对调查的事项不得不有所限制，调查开始后也很难对调查内容进行修正。因此，对于一项涉及事件较多的探索性研究来说，个案研究的方法应当说是一个比较有效的方法。

费孝通先生著名的江村研究是这类研究的开创性实验。如费老自己所言，“在中国这样广大的国家，个别社区的微型研究能否概括中国国情”，“以江村来说，它是一个具有一定条件的中国农村。中国各地的农村在地理和人文各方面的条件是不同的，所以江村不能作为中国农村的典型。也就是说，不能用江村看到的社会体系等情况硬搬到其他中国的农村去。但同时应当承认，它是个农村而不是牧业社区，它是中国农村而不是别国农村”。如果我们用比较方法将中国农村的各种类型一个一个地描述出来，那么不需要将千千万万个农村一一加以观察而接近于了解中国所有的农村了”（费孝通，1993）。

吴文藻结合英国功能主义人类学和芝加哥学派的社会学理论，提出对社区的系统化学说，主张社区是了解社会的方法论和认识论单位，是社会生活的各方面都密切地相互关联而成的一个整体、一个特殊的社会结构，一个社会功能和社会结构两者合并起来的社会体系（吴文藻，1935）。虽然小型社区是大社会的不可分割的一部分，也不能完整地代表中国社会现实，但不少学者已经逐步在他们各自的研究中通过社区窥视大社会。采用这种窥视法的学者对社区的代表性的局限深有省思，同时在此前提下力图以充分的地方性描述体现大社会的特征和动因（王铭铭，1997）。

在中国农村经济社会发展非均衡的背景下，农村地区间的政治社会发展状态十分不同，没有广泛而深入的个案研究经验，不可能对全国农村政治发展状况有一个直面的判断。所以个案调查的价值首先在于积累不同地区广泛而深入的个案资料，以期建立一个完整的真实可靠的机制，从活生生的农村社会中获取经验，获得灵感源泉。

个案研究的价值还在于有可能将一个社区文本构建成一个关于社区发展的全面文本，不是以经济、社会、政治、文化等学科进行分界，而是以社区发展为基础，追问现状的背后是什么、为什么。个案研究首先关注个案本身的内在解释力，然后再考虑其典型性，以个案调查资料为基础进行思考，并以此为基础来建构起具有个案材料解释力度的理论框架，然后将此框架予以扩展，看到底可以扩展到多大范围多少社区。

（三）研究资料

本研究中个案村的资料主要是笔者 2006 年 7 月起对个案村进行为期两年的调查获得的。调查对象主要有：街道负责人、街道部分部门负责人、原乡镇政府部分领导人、村公司领导人、村公司各部门负责人及一般工作人员、原村委会主要工作人员、现居委会工作人员、房东、老人协会负责人、房客、警察、几个驻地单位负责人。调查访问的机构主要有：社区所属的街道办事处、城中村社区居民委员会、H 村实业有限公司。

笔者的访谈多数是一对一的访问，访问尽可能采取聊天的形式，由于担心谈话的情绪与气氛，最初的访问笔记是访谈结束后回忆补记的，彼此熟悉后也有当场记录，但也需要事后的补充整理。另外还包括对城中村的一些重要事件的记录，如多次计生检查、出租屋询查、老人运动会、社区文化活动、村公司的选举事件等。笔者也特别留心观察一些公共聚会的场面场景，如晨练场所、社区文化活动中心、祠堂、星光老人之家等，在不影响与调查对象关系的前提下，观察一些如离婚、举报拆楼等村民纠纷。

个案村毕竟只是广州市大量存在的城中村之一，它并非中国城中村的唯一典型。恰恰相反，它的存在证明了基层社会的复杂性，以及社区发展模式的多种可能性。本研究无意将它作为乡村社区转型的典型或缩影，以此来概括目前农村的发展道路，只是想通过对一些个别调查和研究，来逐步推进比较研究，将观察的点逐渐扩散到其他正在转型的地区。另外还需说明的是，本研究不是一种纯理论的研究，一些概念和命题尚未经过反复的比较、提炼和验证；也不是一种政策性研究，目的不在于针对具体问题提出政策性建议或可行性方案。本项研究旨在描述现实生活中已经发生的那些变化，说明这些变化为什么发生，所带来的新现象是什么，以及未来的变化趋势又将会怎么样。

（四）本书分析框架

本书分析框架（详见图 1-1）。

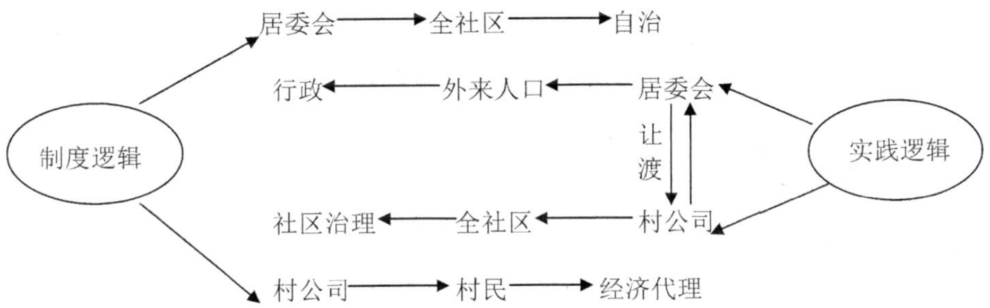

图 1-1 本书分析框架

第二章　JX社区概况

在广州城市化迅速发展的过程中，普遍存在“村包城”“城包村”现象，按已经完成的行政村规划，未来数年间它们在城中面积将达到87.5平方公里，占全广州城市规划面积368平方公里的22.67%（黄令华，2001）。

经广州市建委与市委政策研究室、市政府研究室等部门的调查论证，“城中村”统一确定为：经国务院批准的广州市规划发展区385平方公里内（不含番禺、花都区，增城、从化市）的138个行政村为“城中村”。按实际拥有农用土地现状及城市建设发展情况，将这些“城中村”分为ABC三类：A类，完全没有农用地的农村，且已经完全被城市包围；B类，有少量农用地的农村和处于城市近期重点建设区域的农村；C类，有较多农用地的农村和近期不列入重点建设区域的农村（王洪伟，2002；李培林，2002）。

本研究的城中村是属于B类，下文对该村的情况作具体介绍。

第一节　空间位置及变迁

JX社区，是笔者讨论乡村社区秩序问题的实体空间，其社区状况与特征对于本研究来说具有不可或缺的现实意义。但是，鉴于在之后的相关章节与内容中会不断地涉及JX社区的具体情况，这里需要对JX社区作一个说明性介绍。

本研究中的JX社区，原来属于广州市东圃镇。2002年东圃镇被撤销，成立了若干街道办事处，对村落地界进行了重新划分，其中之一就是H村街道办事处，下面包括7个社区，本研究田野调查的就是其中一个社区——JX社区，由于该社区基本上涵盖了原来H村的区域（除去第九经济社），大家习惯上称JX社区为H村。

H村地处广州市天河区东部，地理坐标东经113°18′，北纬23°8′。随着年代的变迁，其地理范围亦随之缩小。新中国成立前，H村拥有清晰的四至范围：东与珠村接壤；南括今龙步村，与宦溪村接壤；西与车陂村接壤；北与新塘村接壤。新中国成立后至改革开放，由于机场建设、村庄地域划分、体育场建设，征用、调拨了H村近1 200亩耕地。从改革开放至今，由于道路、铁路修建征用了大批的农田，之后的体育馆、广场建设及各种中心、学校、厂房的建设，至2004年H村耕地不足300亩。

因此，今日的JX社区被公路、铁路切割，被高楼、场馆包围，已显得十分零碎。现剩下的只有旧居住村地和附近的一些暂时未被征用的"飞地"。实质上笔者已无法确切表达JX社区的四至位置。

就H村外部环境而言，以北是由广州世界大观、广州航天奇观、广州奥林匹克体育中心组成的体育、休闲区；西北部，广园快速路和环城高速公路相交之处是华南地区最具规模的大型化工产品交易市场——广州化工城；西部和南部，沿中山大道和黄埔大道，分布着龙盛购物中心、东圃摩登百货、大沙购物城、亨佳移动数码城等大型购物中心，以及大大小小的超市数百家（参见图2-1）。

图2-1 H社区周边地区交通图

在周边环境城市化和现代化的挤压下，原来的H村日益被纳入市场化的轨道中，同时也是城市对 H 村的不断侵入和更替。改革开放以来，国家和各类企事业单位先后征用 H 村土地 4 000 多亩.到 2004 年，全村地域不足 4 平方公里，耕地不足 300 亩。据粗略估计，其中交通建设征地不少于 661 亩。大量土地被征用，使 H 村的农业已无法发展，而不菲的征地补贴为村集体经济的产生和发生提供了资金支持(参见表 2－1)。

表 2－1　1965—2004 年 H 村土地被征用情况

年份	征用土地单位	亩数	年份	征用土地单位	亩数
1965	广东省体委	1 000	1996	省公安边防指挥学校	26.62
1983	广州郊区石油公司	10		航天奇观公司	264.35
1992	广东省边防总队	145.3	1997	高速公路公司	15.09
	广州市华发公司	17.83		市土地开发中心	6
	广州市政工程公司	42.54	1998	天河区国土局	3.36
1993	天河区东圃镇经济发展公司	6.81	1999	天河区建设局	115
	广州市一汽公司	25.43		天河区建设局	170
	广东省工业安装公司	25.8		广州市教育委员会	67
	天河区建设总公司	683.62	2000	广州市道路扩建办	237.98
	天河区建设总公司	106		广州市道路扩建办	27.43
1994	铁路十二局一处	31.16		广州市道路扩建办	3.32
	铁路二局五处	60.95		广州市道路扩建办	67.19
	天河区东圃镇经济发展公司	64.59	2001	天河区体育局	145.76
	广州市土地开发中心	337.3		民航管理局	15.92
	天河区公路建设指挥部	150	2004	省公安边防指挥学校	13.90
1995	天河区东圃镇教育办	14.5		合生房产	249.58
合计:4 150.24(亩)					

数据来源:H 村实业有限公司

随着广州市城市规模的不断扩大，大片农地被征用是发展的必然，像 H 村这样的处于城市郊区的农村就成了征地对象。这个时候的土地性质发生了极大的变化:农田变为城市，集体成为国有。天河区向东延伸的区域在城市化进程中不断扩大，农田基本被压缩为零。可见，H 村的发展历程，实际上是一个土地不断减少、社区空间不断缩小的过程。

第二节　社区人口构成

据H村村志记载，2004年，H村人口为4 724人，总户数2 055户，平均每户2.30人。在面积约4平方公里的土地上，人口密度是1 181人/平方公里(不含外来人口)。1949年的H村人口是2 128人，2004年是那时的2.22倍。据2004年统计，由于人均寿命不断提高，全村享受退勤津贴的老人(男60岁，女55岁)达608人，占全村人口的12.9%。

另外，需要指出的是，H村人口出现了老龄化的状况——村内55岁以上年龄段的人口占村总人口的16.41%。这是一个比较高的数字(当然，这也是生活水平提高和社会发展的一个侧面)。人口的男女性别比例在H村基本均衡，两者比例稳定的保持在49.8∶50.2左右。

以下表2-2、表2-3、表2-4是关于H村户籍人口的统计数据。

表2-2　2004年H村人口分布

社别	人数	社别	人数
第一经济社	296	第八经济社	287
第二经济社	423	第九经济社	280
第三经济社	341	第十经济社	655
第四经济社	378	第十一经济社	310
第五经济社	407	第十二经济社	416
第六经济社	272	第十三经济社	314
第七经济社	345	合计	4 724

数据来源：H村村志。

表2-3　H村户籍人口、户数、性别统计

年份	全国人口普查	总人口	户数	平均每户人数	性别	
					男性	女性
1949		2 128	458	4.65		
1953	第一次人口普查	2 315	515	4.50	1 137	1 178
1962	第二次人口普查	2 699	613	4.40	1 330	1 369
1984	第三次人口普查	3 542	808	4.38	1 755	1 787
1990	第四次人口普查	4 109	950	4.33	2 039	2 070
2000	第五次人口普查	4 660	2 013	2.31	2 315	2 345
2004		4 724	2 055	2.30	2 345	2 379

数据来源：H村村志。

表 2－4　2004 年 H 村人口年龄结构

统计类别	全村各年龄段人口统计数据						
	0～5 岁	6～11 岁	12～17 岁	18～25 岁	26～55 岁	56 岁以上	合计
人数(人)	333	441	571	669	1 935	775	4 724
比率(%)	7.05	9.33	12.09	14.16	40.96	16.41	100

数据来源：H 村村志。

笔者 2006 年从居委会得到的数据显示，JX 社区总人口近 11 000 人，常住居民 2 232 户，其中 60 岁以上的 500 多人，14 岁以下 905 人，7～14 岁 549 人，外来人口 6 800 人。可见，这与 H 村的 2004 年的常住人口 4 724 人，外来人口 25 700 人①有很大的差别，外来人口相差 1 万多人。这里姑且不论两方的统计口径问题，有一个非常明显的问题且为两方所共知，即外来人口在 H 村中占有很大的比重。鉴于外来人口比重大，且流动率很高，这里无法给出一个非常明确的数据。

在此基础上，可以将 H 村(JX 社区)人口分为两大类别，即原来的村民和外来人口。但是更深层次上，还可以将这两大类别进行细分(见表 2－5)。

表 2－5　H 村居民构成

一、原村民	①村籍村民
	②非村籍村民
二、外来人	③广州市民
	④农民工

在对原村民进行划分时，需要对“村籍”这一概念进行说明。村籍，并不是单纯意义上的户籍归属，它也是社区集体所有制的伴生物，同时也是村集体经济进行分配的依据。村籍凸显出在村落社区中生活的人们所结成的凝固化的乡土关系，即在稳定的聚落形态下，农民基于维护地权而形成了内向的封闭性心态(费孝通，1998)。

实际上，村籍已经演变成为一种与股份、福利、分红、就业、教育等相关联的综合体。那么原则上来说，在 H 村的村民应当都是具有村籍的村民。但是在 20 世纪 80 年代，有部分村民由于参军、进厂、招干等原因，其户口迁出了 H 村，但是后来仍在 H 村居住，这部分人即为非村籍村民。

除了这些村民之外，近些年来涌入 H 村的都是外来人口。也有少量的广州市民，出于生活或工作成本的考虑居住在 H 村里，但这部分人数量并不

① 数据来源《黄村村志》，未出版。

多。占H村外来人口绝大部分比重的则是农民工群体，对于他们来说，城中村仅仅是他们居住的一个场所，而不具有其他意义。他们很少直接面对村庄，也很少参与村庄的事务，他们更多的是与房东打交道。这些外来人口的户籍仍然保留在其家乡，并与家乡保持着密切的联系。他们中的大多数并没有长期居留H村的打算，随时会因为需要（绝大部分是因为生活成本的原因）而搬离城中村。

可以看出，在JX社区，存在着人口分类上的二元结构，这种人口结构对外来人口有一种限制作用。美国社会学家帕金的"社会屏蔽"理论认为，任何社会都会建立一套程序或规范体系，使资源和机会为社会上某些人享有而排斥他人。在社会分层方面，有两种排斥他人的方式：一种是集体排他，例如以宗族、民族为区分标准，而将某些社会群体整体地排斥在资源的享有之外；另一种是个体排他，例如通过考试选取人才，这些被选取者和被淘汰者都是以个体形式出现的，并没有一个身份群体被整体排斥。帕金认为，集体排他的结果是产生了一个"共同集团"，个体排他的结果产生的是分散的身份群体（Frank Parkin，1979）。

根据帕金的理论模型分析，目前城中村对外来人口采取的是集体排他的对策，使外来人口被排斥在村籍之外。村民和外来人口这两大群体之间的隔阂并没有因为居住范围的缩小而消失，反而越来越大。前者不管在城中村中居住多久，也无法获得本地人的认可。

第三节　城中村的集体经济

从20世纪80年代后期开始（1985年后），H村村集体开始建立厂房，扩大集体经济，筑巢引凤。其早期的资金来源，除了政府征地补偿款和农田青苗费之外，还有一个重要来源是宅基地投标费用。

黄某，曾在1996—1999年担任H村委会主任，他跟笔者说道："自八届三中全会后，东圃镇对H村的经济发展很看重。但是就村集体来说，土地一年一年地减少，如何改善村民的生活呢？当时东圃镇组织H村村干部去外地考察吸收经验。但是发展需要有启动资金，资金从何处来？村周边的土地叫猪口地，因为收成差，当时的天河区出台政策，允许村民投标猪口地建住宅，这也就是宅基地的由来。用这些投标的钱作为了村集体发展的启动资金。再加上以前多次征地获得的土地补偿费、农田青苗费，50%留在村大队里作基础设施之用，50%作为发展启动资金。"

图2-2是村集体经济的起步过程：

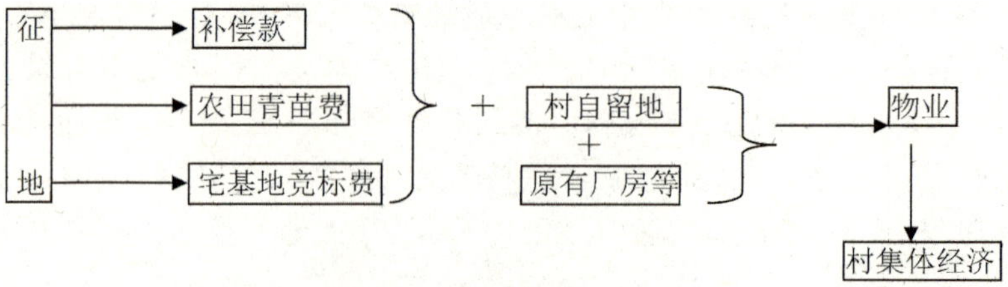

图 2－2　村集体经济来源

村集体经济在 1994 年开始起步，H 村居民委员会办公大楼即是现在的村公司办公大楼是 1996 年建好的。时至 2002 年撤村改制，城中村村委会解体，村集体经济剥离出来，成立 H 村实业有限公司。当年其物业面积达 35 万平方米，资产达 7 亿～8 亿元。

表 2－6　改革开放后 H 村经济状况

年份	工农业总产值（单位：万元）
1985	17
1990	2 026
1995	15 135
2000	50 096

数据来源：H 村实业有限公司。

从表 2－6 中可以看出 H 村集体经济发展速度之快。笔者就表中的"工农业总产值"专门与村公司主管经济的董事交流过，他说："写是这样写，我们村哪儿还有田，农业早多少年前就没有了；工业，我们早些年办的厂，都没什么效益，还不如收租来得好，这些钱都是靠（物业）收租来的，我们有厂房啊。"

表 2－7　H 村物业面积数据

村公司物业总面积	271 929	平方米
已办产权面积	149 181	平方米
正在申办产权面积	78 838	平方米
未办理产权面积	38 714	平方米
其他	5 196	平方米

数据来源：H 村实业有限公司。

由表 2－7 可见，城中村最具特点的经济景观是"物业出租一统天下"的经济格局。

以上这些数据资料都是来自村集体经济，也就是经济联社。实际上除了村集体之外，还有个小的村集体，也就是经济联社下的经济社。这里需要对经济联社和经济社作一说明。

H 村实业有限公司，也就是管理村集体经济的组织，下属 13 个“经济社”。它们独立核算，与行政管理上的村委会和村民小组实际上是一体化的。在这里我们仍能看到过去农村人民公社体制下公社、大队、生产队“三级管理、队为基础”的影子。对城中村来说，公社彻底解体了，但大队和生产队的组织遗产却保留下来，成为村民在股份合作的基础上重新组织起来的组织架构。村民们既是“经济社”的股东，也是“经济联社”的股东。举例来说，“我”是二社的村民，那么“我”既有权利在二社得到股份分红，也能在经济联社也就是村公司获得股份分红。虽然经济联社给全体村民的股份基本相同，但是每个经济社还存在差别，这也就导致了村民在股份分红上的差距。

对于村公司（经济联社）和经济社来说，两者之间施行的是“股份合作制”。但它与“股份制”是有区别的，“股份制”是“一股一票”，“股份合作制”是“一人一票”；共同点就是按股份分红。

股份的分配依据两个原则：一是“按籍分配”。凡是村民，不分长幼，股份平等，一般每人 5 股，俗称“人头股”。二是在此基础上的“按工龄分配”。每一年工龄折为一股，俗称“年资股”。由此也就造成了在城中村越是年长的村民其股份收入也就越多的现象。“人头股”加上“年资股”有一个最高限，一般是 25～30 股，股份可以继承，但不能转让、退股和抵债。由于 H 村内没有工业，主要是物业收入而不是产业收入，所以基本上没有其他发达地区工业村出现的“资金股、技术股和关系股”等。

H 村集体经济本身就是守护型经济的典型体现：物业出租显然是一种追求最大限度地规避市场风险，从而以最稳妥的方式保持住市场利润的有效途径。

第四节　城中村的制度变迁

H 村原是东圃镇的下辖行政村，位于该镇的东北部，包括 H 村、隔村、H 村新村三个自然村。H 村建于南宋时期，宋元之后，一直属番禺县管辖，明清时期属番禺县鹿步司管辖。民国时期，以及新中国成立后，隶属关系多有变动，略引几次如下。

民国二十年（公元 1931 年），番禺县改区、乡、村建制，H 村属番禺县第四区 H 村堡乡管辖;1953 年 6 月,广州市成立黄埔区,H 村属黄埔区 H 村乡管辖。

1956 年 6 月,广州撤销黄埔、白云、新滘 3 区,成立广州市郊区,并成立广州市郊区 H 村大乡,管辖范围包括 H 村、珠村、石宦龙、吉山;1956 年—1981 年,H 村的隶属关系在广州市郊区、黄埔区之间反复变换;1985 年 5 月,广州市天河区成立,随后,在 1987 年 1 月,撤销东圃区公所,设置东圃镇,乡人民政府将 H 村划归东圃镇管辖。

2002 年,广州市天河区为适应城市规划的整体部署,满足城市建设和管理工作的需要,加速地区经济发展,推进农村城市化进程,撤销了沙河镇和东圃镇,设置龙洞、长兴、凤凰、前进、珠吉、新塘 6 个街道办事处。H 村、元岗、猎德等村的换届选举和撤村改制工作也同时进行。12 月 30 日,6 个新街道办事处正式挂牌成立①。

撤村改制的具体措施在于以下几个方面②。

第一,集体土地问题。集体土地全部转为国有实施改制的"城中村",村行政管辖范围内的剩余集体土地一次性转为国有土地,其合法土地使用权人和用地功能性质不改变。转制后的原村建设用地按历史用地办理建设用地手续和土地登记手续,如土地房产进入市场或改变用途,发生扩、加、改建,则按规定补交国有土地使用权出让金及有关税费。因城市建设需要收回的转制土地的使用权,按有关规定办理相应的手续后给予合理补偿。改制后,不再配给自留用地,政府已明确地配给并核定的自留用地,经办理转名手续后,按原批准的使用功能相应转为转制后组建公司所有。

第二,农民变居民免收增容费。"城中村"的农民全部变更为居民户口,换发新户口簿,免收城市增容费和其他费用。

第三,撤销"城中村"村委会,建立居委会。居委会日常办公经费和专职人员的工资、补贴按现行的规定和标准,由市、区两级财政按比例承担。

第四,集体经济转制为股份制企业,改变原村集体经济组织政企不分的状态,转制成为由集体法人股东或个人股东持股的股份制企业(公司)。原则上,村级集体资产不得量化到个人,可组建集体资产管理公司,负责集体资产的管理和运营。

第五,原由村委会管理的学校转由区教育部门管理,原村委会承担的办学经费逐步转由区财政专项经费承担。

第六,市政基础设施纳入统一管理。改制后的"城中村",市政基础设施建设和管理纳入市政统一管理范围。管护经费原则上由区市政维护费承

---

① 参见天河区信息网 http://www.gdnj.gd.gov.cn/html/nj2003/html/120106.htm

② 参见红网 http://www.rednet.com.cn 2002-05-31 10:37:10

担,需增加的费用根据实际予以调整。原"城中村"转制的社区建设经费除市、区已明确负责的之外,在改造完毕前,依然从转制的股份制企业(公司)集体股收益中支付。

第七,计生方面。转制后,全部实行城市计划生育政策。转制前,符合生育条件的育龄夫妇已领取的第二胎生育指标继续有效,从村民委员会改为居民委员会之日起,4周年内可按间隔期规定再生育一个子女。本人自愿将户口迁出居民委员会者,在户口迁移时虽已安排生育但未怀孕的,二胎生育指标无效。如广东省出台新的计生政策,则依照执行。

第八,养老方面。转制后的居民享受城市居民同样的社会保障。对已参加工作的"农转非"居民,按规定参加相应的社会保险,享受有关的社会保险待遇。从征用土地补偿金和村集体经济组织的公积金及其他收益中提取社会养老保险费,多渠道实施养老保险。

具体到本研究的H村,2002年12月,撤销东圃镇和H村村民委员会,成立H村实业有限公司,原村民委员会的相关管理工作移交H村街道办事处,在原有H村基础上成立JX社区居委会,2003年4月,原H村农业村民转为广州市城市居民。为保证改制的顺利推行,以区和街道为主,区、街、村合议制订了一整套方案,此方案的主要举措有以下三个方面。

第一,组建企业集团与企业集团有限公司,这是改制中集体经济后续发展的实质性举措。组织架构主要参照有限责任公司与企业集团的做法:H村实业有限公司是一个拥有独立法人地位的有限责任公司,实行独立核算,自负盈亏,通过控股、参股、合作等经济手段对属下各经济社加以协调和控制;属下各经济社的经济实体构成,与集团公司没有资产联系,但有经济互利与合作上的关系,并同时接受它的管理与监督。

第二,撤销村党总支,成立企业党委。H村撤销了村党总支,代之以企业集团党委,并规定集团党委受街道党委领导。需要特殊说明的是,党在农村基层组织的领导核心逐渐转变为企业党组织的政治领导核心。原村党总支所属党员不作细分,仍由企业党委领导;新成立的居委会另组建党支部,由街道党委直接领导。

第三,撤销原有村委会,新成立居委会,居委会归街道办事处直接管理,13个经济社除经济上仍独自经营与核算外,行政管理上被改组为6个居委会,其中除了9社在DG社区,剩余的12个经济社基本上都在JX社区范围内,也就是本书提及的H村。

需要特别指出的是,新成立的JX社区居委会,被规定直接置于H村街道办事处的辖下,而新成立的H村实业有限公司党委,同样被明确规定受街道党委的直接领导。在这样的制度安排中,街道办事处其实是作为改制公司与居委会的实际领导机构而介入其治理的。

小结:城市化的进程是一个艰难曲折的过程,必然伴随着大量矛盾和问题的出现,比如就业问题、土地问题、生态问题、基层管理问题等。当昔日农民以土地为基本生产资料、以农业劳动为基本生产方式的传统村落,转化为以地租收益为主的集体经济共同体、同时大量外来人口聚集的城中村聚落时,针对城中村的政治体制改革"撤村改制"才得以发生。这种转型作为一种制度安排,具有地方政府的主观目的性和城中村转型的内在规定性,主要体现为政治规定性和经济规定性。在政治上表现为,改变原有的乡镇设置,取消村委会组织,成立新的居民委员会组织形态,村民转为市民。在经济上表现为,村集体经济角色单一化,将政治属性剥离出去,成为单一的经济法人单位,这在一定程度上类似于"政企分离"。

但是,这种制度变迁能否真的达到制度设计上的目标?下面拟从社区经济、权力精英和社区事务管理三个层面加以具体地阐释,分析城中村居委会和村公司这两大组织在经济治理、社区认同和社区治理事务三个方面具有的治理特征和治理方式。

第三章　城中村的经济生活

随着城市化步伐的加快，H 村逐渐被纳入城市范围，地理位置趋近于广州市天河区中心地带。出于对生活成本和交通成本的考虑，有大量的外来人口在此居住。有需求就有供给，H 村村民出租屋（宅基地）也逐渐规模化，形成了一个廉租屋市场，又依托于该市场形成一个流动人口聚集区。出租屋市场和流动人口聚集区的形成和扩大，不断推动着城中村社区的经济发展。一个社区的经济状况可以反映该社区经济运行和经济生活的基本特征，同时也可以反映社区经济组织及其运行以及人们经济生活的特点。因此，从社区经济生活这个侧面考察城中村治理状态不仅具有政治价值，也具有社会意义。

第一节　村民“种楼”与出租屋

费孝通先生的《乡土中国》书名，如果按照英文字面上的翻译，应该是“捆在土地上的中国”。对于中国的农民来说，土地的价值尤为重要。在城中村社会，土地已经成为村民的“立命之本、安身之基”。这时候的土地，对村民来说并不仅仅是单纯意义上的拥有，更包括通过土地占有带来的盈利。也就是说，村民与土地的关系，并不是“捆在土地”，而是“利在土地”。城市化的加快，城中村和村民的生活和命运与土地及土地的市场化相联系。这是我们考察城中村的一个背景因素。

近年来，在 H 村有大量的房屋进行扩建和新建，从而转换为出租屋进行经营。2006 年，村公司下面的经济社对各社每户居民的居住面积、房屋层数以及出租面积、出租层数等情况进行了公示。因为第九经济社社址已经不在 JX 社区范围内，所以未对第九社进行登记，其他 12 个经济社共统计了 1 330户（这其中包括大户情况——分家后的几户合并到一起，另外没有出租屋就没有登记,但是没有出租屋的户很少,尤其是居住在H村的村民。居委会的工作人员告诉我们,在H村居住的H村人没有出租屋的只有少数几家)。将数据汇总后可以看出,在H村现在的居住村址里,居民居住面积为316 424平方米,平均每户拥有237.92平方米,而每户每层的平均面积为62.90平方米;登记的层数为5 030层,有出租屋现象的楼层计为3 692层,出租面积为186 429平方米(参见表3-1)。

表3-1 H村各社居住面积及出租面积数汇总

村内经济分社	登记户数	登记社居住面积(平方米)	登记总层数	户均面积(平方米)	层均面积(平方米)	社出租总面积(平方米)	出租层数
1	98	25 878	406	264.06	63.74	13 947	293
2	115	26 677	438	213.97	60.91	14 763	338
3	101	22 814	372	225.88	61.33	12 537	291
4	99	25 749	428	260.1	60.16	12 410	301
5	120	22 031	417	183.59	52.83	15 466	35.5
6	71	19 453	273	273.99	71.26	9 877	203
7	87	14 767	285.5	169.74	51.72	9 074	227
8	102	24 923	373	244.34	66.82	14 524	299.5
10	207	57 291	792	276.77	22.34	36 825	688
11	95	25 397	369	267.37	68.83	15 376	308
12	148	36 677	591	247.82	62.06	22 556	480.5
13	87	14 767	285.5	169.74	51.72	9 074	227

数据来源:H村公司。

村里的老人协会副会长告诉笔者:"原来H村都是农田的,也就是这五六年的时候才有高楼的,交通也发达了,人也多了。我自己有一栋楼(5层),有3男2女,有一个儿子在村公司工作。我跟老伴都是全股,一年都要有一万多元的股份可分,收入还可以。"老人言谈间对收入很满意。

黄某,原东圃镇退休老干部。他告诉笔者:"我是12社的,户口早就迁出了,有公粮拿,所以就没有股份分,但有福利。我老伴是全股,2005年的时候分了1.68万元。我们社我估计平均股份差不多应该有1.3万吧。"

在笔者进行城中村实地调研时,发现在居委会半径10米范围内,有10

家在同时拆房盖房，在居委会屋后一位 60 多岁的阿婆正在“监工”。她说：“我家在后面的第三条巷子已经有了一栋四层的楼房。因为有 2 男 2 女，只有大女儿出嫁了，剩下三个孩子还在家，所以借了些钱想再盖高点(6 层半)出租收租。实际上，虽然有屋(出)租，但租金并不高的，都是外来打工的人，本身挣的钱就不多，租金都不到 200 元的。现在盖的房子，自家也是向亲戚借了钱的，房子盖好出租后大约四五年就能回本了。”

土地的市场化，对村民个体来说，并没有多少高深的内涵，是一种非常简单的理解，即“种楼”，村民拥有获取利益的资产——宅基地，可以通过不断地加高楼层来获取较大的利益。当笔者问村民为什么自己不进行一楼店铺的经营时，他们大多回答：“不想麻烦，怕亏本，反正就是收租就好。”可见，城中村房屋出租成为一种典型但却是单一的市场行为，也成为城中村居民收入的重要来源。

在问及村民年收入的时候，这位建房的阿婆告诉笔者：“我原来是 7 社的。本来我们社有很多的土地，但是后来都被征了。现在的世界大观就是我们的地，现在都没多少地了，所以我们社分钱分得少。我是全股，去年都不过万元。像我大女儿，本来股份就少，又结婚了，嫁出去了只分到了 2 000 元。家里不够用，当然要盖房了。”

当笔者问及，村里的股份和出租屋的租金在她家日常收入比例的时候，她说：“这个不好讲。有时候大队(社)好点时，我们就多发点；有时不好的话，大队还有牵头贷款给我们分红的。而且这种情况不只七社有，还包括九社。倒是租金，我不担心，反正总是有人来租的。只要租金少，都有人来的。”

从村民对待股份和出租屋的态度来看，在村民内部，其股份存在很大的差异，其根本原因在于各自所在经济社土地多少及其经营状况的好坏。为了弥补收入差距，村民个体积极地通过建房收租来提高收入来源。

那么如果对村民个体的收入来源进行划分的话，实际上是由三个部分组成的，如图 3－1 所示。

村公司—物业—招租—利润—股份—分红
(经济联社)

大队—物业—招租—利润—股份—分红
(经济社)

宅基地—加高—出租屋—出租—租金

（以上三项合为：村民收入来源）

图 3－1　H 村民收入来源

第二节 城中村市场秩序

城中村社区已经形成了相对完善的市场体系，建立了被普遍认同和遵守的市场秩序，市场秩序的建立意味着社区的经济活动被纳入了市场化轨道，更多的社区资源从行政控制中摆脱出来，从而为村公司营利提供资源。

一、出租屋市场

H村出租屋市场，是一个以外来流动人口为需求主体，以本村村民为供给主体的社会市场。主宰这一社会空间运转的最强大的力量理所当然的是市场逻辑。

当问及外来人口，为什么选择在H村居住时（王某，河南南阳人，男，55岁）告诉笔者："我们一家人（除了大女儿）从2002年来到广州H村，不知道其他营生技巧，就干了收购废品的买卖。在H村已经住了5年，租过两个地方，一个是在村的东头，一个是在村的内巷。之所以搬到这里住，是因为这边的租金便宜一些。你看看我这（对着笔者说），一共就不到10平方米，我们住了三人。加上上面的一点阁楼，我们一个月也得交600元的租金。没钱的日子很不好过，我倒没什么，没本事，苦了家里人。"

蒋某，男，55岁左右，梅州人。他告诉笔者："我十几年前来到广州，没有什么门路，待过很多地方。后来有朋友介绍说这边的房屋、店铺价低一些，就到了这边。我的大儿子就在村这边开电话亭（是电话超市），小儿子现在梅州老家做事。我的两个孙子，现在在这边的小学上学。"

张某，男，29岁，江西人，大学毕业，未婚，现居住在村东边。他告诉笔者："开始几年不好混，也是东飘西荡。在广州也不认识人，开始几年算白混。2006年的时候，中山大道这边开了一个电脑培训学校，需要一个本科毕业，专门负责电脑的日常维护、硬件装配的技术员。我正好符合这些条件，就被公司正式录取了。我本来是在冼村住的，但是感觉上这边要比冼村安全点，房租也要便宜多了。我和隔壁是合租，每个月的房租、水电等费用差不多500元，而且离工作的地方很近，步行也就20分钟。"

当笔者问，如果H村拆掉了，改建好一点的社区，周边环境好点的话，他还住不住H村。张某使劲摇头。他说："这样就不好了，重建的话这里就住不了那么多人了。而且像我这样一开始没着落的人，肯定承受不了高房租。现在这样就很好。"

从这些外来人口的描述中可以发现，H村之所以有吸引力，在于几个条件，即好进入、门槛低、低租金、交通方便。那么在此基础上就形成了一种出租屋市场内在循环：租金越有吸引力，城中村越好进入，外来人口越多，对出租屋需求越旺盛，村民的收入也就越有保证。出租屋市场与流动人口聚集区已经成为最重要的社区变量。以本地村民提供、以外来流动人口入住，最终因供需双方合力营造而形成了庞大出租屋市场。一方面，出租屋市场的形成解决了许多问题，直接满足了流动人口对廉租房的巨大需求，为城市外来流动人口提供了一个成本上可以承受的居住场所。另一方面，也正是因为这种房租价格上的差异，带来了村内和村外的外来人口的高流动性。

二、非正式经济

在H村范围内，登记在册的单位只有10家，分别是H村成利制衣厂、晨星制衣厂、H村卫生站、H村德富制衣厂、迎龙酒家、H村小学、东联印刷厂、海达文具厂、民记美食城、正大科技。剩下的基本上都是"非正式经济"。

笔者根据JX居委会登记的"2005年H村无证照生产经营场所专项行动摸查登记表"发现，它详细登记了在H村中众多商铺的情况。笔者对此进行重新整理归类，见表3-2。

表3-2　H村商铺类型统计

商铺类型	个数	所占百分比
餐饮类	108	27.27%
士多店①	101	25.51%
理发类	42	10.61%
修理类	23	5.81%
电话超市	22	5.55%
服装鞋帽类	18	4.55%
诊所类	15	3.79%
五金类	14	3.54%
家电家具类	7	1.77%
文化用品类	7	1.77%
成人用品	7	1.77%
旧货买卖	6	1.52%
批发	4	1.01%
煤气店	4	1.01%

① 所谓"士多店"，原本是英文store的音译，在城中村是指那些出租屋临街的一层。这些房屋并不仅仅用来居住，更多的时候是用来经营的。经营种类以百货为主。

（续表）

商铺类型	个数	所占百分比
烟草店	4	1.01%
影楼类	3	0.76%
仓库	3	0.76%
其他	8	0.20%
总数	396	100%

可以看出来，在H村中无证商铺中，绝大部分都是餐饮店和士多店，而这两种类型的商铺与居民日常生活关联度最高。前文中曾经说道，村民宁愿收租也不愿承担商铺经营风险，城中村的商铺基本上都是由外来人口承租的。由此，就可以发现一条基于出租屋、士多店性商铺基础上，村民与外来人口之间而形成的循环性的经济链条，如图3－2所示。

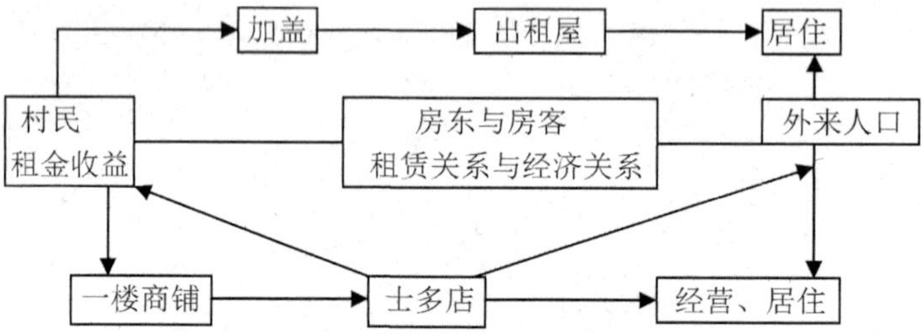

图3－2　城中村经济链

非正式经济的存在，降低了城中村生存和生活的成本，这也是城中村具有吸引力的重要原因，那么为了维持城中村对外来人口的吸引力，客观上也就要保证非正式经济的继续存在并发展，而这一任务则“转交”到了村公司身上。

三、村公司经济形态

作为个体，村民的收入来源之一是出租屋租金。那么，作为城中村集体经济运营者的村公司，它的经济形态是怎样的？下面是来自H村实业有限公司的一段资料。

2003年，H村集体经济收入6 942万元，大部分是以物业出租为主的第三产业收入。H村建有厂房、商铺30万平方米，是村经济发展的资源。现时我村的经济来源于自留用地所建设的物业。2006年物业出租率均保持在95%以上，产值由1994年的4 900多万元增加到现在的25 303万元。10年来，全村利用征地补偿等资金在集体自有土地上共投入 2.5 亿元，兴建了厂房、仓库、商铺等物业 30 万平方米，使集体经济得到持续高速发展。近年来，随着广州市城市中心的战略东移，为发展集体经济，H 村对旧有的“马路经济”进行大刀阔斧的改造，通过大规模提高物业档次，大力兴建合作项目等形式，共投入资金 2 110 万元，改造物业 3 万平方米。2006 年，H 村投入近 2.8 亿元与外商合作建设一个 30 万平方米的休闲购物城，该项目现正在建设中。建成后，H 村的自有物业拥有量将达到 45 万平方米。

从以上这段资料可以看出，村公司的经济形态是单一的物业（租赁经济），并从此上获益颇丰。但是，这种经济也是保守的，从村公司扩大再生产物业就可以看出这一点。这一点与村民出租房屋而却规避经营风险一样，虽然与市场接轨，但缺乏“社会延展性”（蓝宇蕴，2002）。

四、土地问题

无论是村民自身的宅基地、出租屋，还是村公司的物业经济，都涉及一个根本，即城中村的土地问题。那么就有必要对城中村的土地问题进行探讨。

按照我国土地法，农村土地所有权具有农民集体（生产队或自然村集体）所有和国家所有的双重形态。双重所有权界限是通过土地的用途来划分的，即土地的农用所有权归农民集体，非农所有权归国家。在非农用土地所有权的层面上，国家政策规定，所有者不得将土地擅自挪用于住宅建设和其他非农产业。以后随着乡村工业化的进展，国家政策又规定了土地非农使用的初级审批权由行政村掌握。

在 2005 年 10 月，广东省开全国之先河，颁布了《广东省农村集体建设用地使用权流转管理办法》（省政府令第 100 号，见附件 1），明确农村集体建设用地使用权可于 2005 年 10 月 1 日起上市流转。这意味着广东全省包括农村的经营性用地全部走向市场，并可以通过招标、拍卖、挂牌和上网竞价四种方式进行“阳光交易”。该项政策意味着农村土地使用权流转进入了市场化的阶段。

但是在《广东省农村集体建设用地使用权流转管理办法》出台之前，村级单位对农村土地具有事实上的控制权和决定权，而且土地使用一般具有一经转化为非农用地，就不再回流或不再可能作为农地的规律。这样来说，H 村村委会在撤村改制实施前就已有非农用地的规划权了。

《中华人民共和国土地管理法》规定，政府对村土地的开发审批主要是审核其是否符合已获批准的规划。这就是说，村集体对所属土地仍有相当大的开发权，即拥有依据规划进行开发的权力，对开发权的限制主要来自规划，只要符合规划，除占用耕地手续较难外，其他类型的土地的开发是允许的。表 3－3 就是 H 村集体土地 2004—2006 年的登记情况。

表 3-3 2004年1月至2006年12月《集体土地所有证》登记结果 ①

序号	登记字号	产权人	宗记号	面积/平方米
1	穗集有(2004)第580033号	广州市天河区东圃镇H村村民委员会	06102202A0015	5 148.92
2	穗集有(2004)第580034号	广州市天河区东圃镇H村村民委员会	06102202A0014	28 366.48
3	穗集有(2004)第580035号	广州市天河区东圃镇H村村民委员会	06102202A0024	2 279.08
4	穗集有(2004)第580036号	广州市天河区东圃镇H村村民委员会	06102202A0021	1 818.06
5	穗集有(2004)第580037号	广州市天河区东圃镇H村村民委员会	06102202A0001	59 970.87
6	穗集有(2004)第580038号	广州市天河区东圃镇H村村民委员会	06102202A0010	34 151.2
7	穗集有(2004)第580039号	广州市天河区东圃镇H村村民委员会	06102202A0007	3 134.29
8	穗集有(2004)第580040号	广州市天河区东圃镇H村村民委员会	06102202A0006	547.32
9	穗集有(2004)第580041号	广州市天河区东圃镇H村村民委员会	06102202A0002	13 419.72
10	穗集有(2004)第580042号	广州市天河区东圃镇H村村民委员会	06102202A0023	433.51
11	穗集有(2004)第580043号	广州市天河区东圃镇H村村民委员会	06102202A0020	521.89
12	穗集有(2004)第580044号	广州市天河区东圃镇H村村民委员会	06102202A0022	2 778.96
13	穗集有(2004)第580045号	广州市天河区东圃镇H村村民委员会	06102202A0026	6 432.6
14	穗集有(2004)第580046号	广州市天河区东圃镇H村村民委员会	06102202A0027	3 997.4
15	穗集有(2004)第580551号	广州市H村实业有限公司	06102202A0067	514.52

① 数据来源 http://tianhe.laho.gov.cn/tzgg/t20071025_52502.htm，广州市国土资源和房屋管理局天河区分局。

H村村委会虽然转制成了H村实业有限公司，但是其仍对城中村集体土地享有支配权。这一点得到了地方政府的默认，尽管在正式文件中，总是用"上报"取得上级批准同意来限制村庄对其资产的支配权。下面是一份村公司向区政府诉求土地报告的部分内容（全文见附件2）。

关于要求启用H村自留用地的报告

天河区人民政府：

我广州市天河区东圃镇H村村民委员会根据穗城规东片地字[1993]第446号、[1994]第18号和[1994]第187号《建设规划许可证》及穗国土建用字[1994]第132号、[1994]第480号和[1994]第549号《建设用地批准书》批准将位于天河区大观路以西广东奥林匹克体育场西面积88 795平方米土地作为我村的自留经济发展用地。该用地是市政府扩建中山大道和大观路时征用我村约1 000亩土地作道路而补偿给我村的。但如今我村正要开发使用这些自留土地，却得不到广州市规划局的及时批复，致使我们的集体经济蒙受巨大损失。

……

为此，热切期望得到省、市、区领导对我村的支持和关心，在上述合法、有效的土地上兴建汽车博览中心项目。使我村的集体经济收益得到有效保障。

以上报告，请天河区人民政府支持为盼！

广州市天河区东圃镇H村村民委员会

二〇〇五年四月一日

再回到村公司热衷于土地的开发且积极筹备物业问题上来，土地不同的利用方式，收益是大不一样的。如农业用途和工业用途，收益差距是很大的，村集体往往能从土地的非农用途中得到较大收益。同时，开发方式不同，收益也会不同。村集体进行自主性的土地开发，不但获得了土地非农使用的超额收益，还获得了对该地块的管理权，总体的收益高于被政府征用所得。因此，村集体组织必然热衷于自己搞土地开发。

报　告

天河区人民政府：

为适应城市化发展的需要，丰富村民群众的文娱活动，提高村民的生活素质。我村拟于H村荔苑路以北规划兴建"H村中心文化广场"，占地面积26 000平方米，在该用地范围内计划拆迁物业建筑面积13 000平方米，预计地上附着物补偿、厂房的搬迁费、过渡费共计投入1 300万元，文化广场建设需280万元，整个项目预计投入1 580万元。该文化广场项目的兴建，要涉及规划部门报建审批、建设资金的落实问题。在1998年至2001年“九运会”筹备期间，先后几次征用我村土地共计843.25亩，用于市政建设、奥林匹克体育中心配套建设，我村被拆除厂房、仓库、商铺等物业面积20多万平方米，搬迁的企业单位有70多家，拆除物业的面积占我村总物业面积的80%以上，且征地补偿价较低，村集体经济收益持续下滑，在该项目建设资金落实上存在相当大的困难。望区政府能考虑我村的实际情况，能在报建审批、建设资金的问题上给予大力的支持，妥否，请批示为盼。

H村实业有限公司

2005年5月27日

这里面有一个细节，在上面两份报告中，时间都是同一年，相差不过一个月的时间，但是报告署名却不同。前一份使用的是“广州市天河区东圃镇H村村民委员会”字样，后者则是“H村实业有限公司”。这里面并不是简单的笔误。实际上，前者是作为城中村村级组织单位对村集体土地所有权的确定和追要，后者则体现了村集体经济单位对物业兴办的需求。

第三节　街道工商管理与村公司经济管理

历史的发展表明基层社区治理能力与格局每一次根本性的变迁都与社区经济体制与经济发展不可分割。卢福营通过对浙江发达村庄实地调查的比较研究发现:“村庄治理与经济发展之间存在着直接的关联和影响。经济的发展从根本上决定和制约着村社区权力的配置、社区公共权力的运作及效能，也影响着村民的公共参与方式”。该研究还发现，对村庄治理具有决定性影响的经济环境不仅仅是经济发展的水平和量的多少，而主要是经济体制，即经济资源的制度化配置方式(卢福营，2000)。可见，社区共同体的经济力量，尤其是社区经济制度，与社区社会面貌处于一个异常密切的有机连带之中。

联系到本研究中的H村，很明显社区内存在大量的非正式经济。那么，作为街道办事处工商行政管理所和村公司的态度是如何呢?

这里有个非常特殊的事件需要介绍。2007年7月份，广州市“创建国家卫生城市运动”(以下简称“创卫”)正式开始，全市进行动员。为此，H村所在的街道办事处专门发文，具体内容如下。

办理营业执照的通知

根据上级要求目前尚未办证的商铺，要求立即办证，不收取任何费用，从11月19日(星期一)起，对还没有营业执照或申请办证的商铺，一律封门取缔、罚没经营用品处理！

办证程序：1. 先到工商所领取承诺书及表格。

2. 经居委会盖章后到H村街道办事处各部门签意见。

3. 凭街道签署的意见将表格交到工商所审批（星期六、日工商所加班受理营业执照的申请）。

4. 注：从事餐饮类经营的商铺，在申请工商营业执照前，必须办理卫生许可证。

咨询电话：城管 8232 ****、工商 3235 ****。

H村街道办事处城管科

2007年11月15日

从这份通知可以看出，非正式经济一直在城中村中存在。很明显街道办事处工商部门早已知晓，但是从2002年撤村改制直到五年后的今天才把城中村商铺办证提上日程。在这5年中，城中村非正式经济得到了繁荣发展，甚至可以说，城中村非正式经济的存在成为其社区吸引力的一个重要方面。

李某，女，30岁。“我在好又多超市那边上班，村里不少东西都比超市便宜。虽然有的是假货，但是好方便哦，有时候图省事，我就在村里买东西了”。可以说，在这5年中，地方政府对城中村的非正式经济持一种“默认”的态度，虽然偶有下来检查。琳琳士多店的老板告诉笔者：“很少上面来查的，要查都是查是不是有假货，没讲要查证”。

“办理营业执照的通知”刚一出台，就有大量的士多店关门歇业，只有零星的士多店还开门。一位电话超市的老板娘说道：“现在虽然是办证不要钱，但是证真的办下来了，这个税那个税的，我这是小本经营，那就干不起了”。这时，笔者问道，政府没有要求办证之前，她这里需要交什么费用时，她说：“就是房租，有没有工商管理费啊，我还真不清楚，反正是和卫生费一起交的”。当笔者问道，费用交给谁时，她说：“村公司每个月都有人来收啊。不知道是哪个部门的，反正穿着制服，我就晓得是村公司的人。”

从基层政府对待城中村非正式经济的态度来看，从“默认”到“强制”，反映了基层政权谋求社区经济秩序的尝试。“创卫”事件正好是一个契机。但是效果如何呢？

2007年10月份，“创卫”运动告一段落。笔者再去H村时，发现村内依然如故，本来那些关门歇业的商铺基本上全部又重开了起来。笔者走进几家士多店，并没有发现有营业执照。笔者感到很疑惑，对此专门询问过JX居委会工作人员，他们回答是：“上面是这么要求，但是要求归要求，你不知道‘上有政策，下有对策’啊”。

笔者再去找前面那位电话超市老板娘时，她还在那里看铺：“就那几天，大家没做生意，后来慢慢就松多了。再讲我们在巷子里面，他们哪有工夫来下来查。”

看来，对于办理营业执照的通知，村内的士多店经济并没有受到多大的影响，只是阶段性有停业或歇业。这项通知的实施，最大的赢家其实是H村实业有限公司。在对H村进行介绍时，笔者曾经谈到，H村实业有限公司尚有将近11万平方米的物业是没有办理产权证的。

H村公司主管经济的副董告诉笔者：“原来好多物业不给办产权证，好多是因为地段、面积的原因。这下好了，乘着这次办证的顺风，差不多能办下一部分物业产权证来。”

“创卫”风波只是取得了阶段性的效果，基层政府的政令只是停留在文本层面，并没有取得预期的强制效果。社区范围内的经济仍然呈现“非正式”色彩，甚至从某种程度上可以说，基层政府在城中村经济秩序方面是“无为”的。

基层政府对城中村的非正式经济持默认态度，那么作为村集体经济的代表者H村实业有限公司的态度是怎样的呢？

首先，我们需要对“集体”作一个界定。所谓“集体”，早期的定义应当是指农村集体组织。但是经过改革和工业化的发展，这一概念发生了变化，推动力在于经济体制改革。王颖将广东南海集体经济称之为新集体主义。所谓“新集体主义”，是指以个人利益为基础、以共同富裕为目标而建立起来的一种具有合作意识、公私兼顾的关系模式和以群体为单位的社会组织方式（王颖，1996）。同时，他认为新集体观念的核心是合作，而合作的思想、文化基础则是从家族观念中延伸出来的泛家族意识。

对于城中村而言，村集体的含义现在应当包括两个含义：第一，是村民所有的集体经济实体单位；第二，是以这个经济实体为核心的，由村民身份构成的股东，由股东决定法人而组合成的股份（实业）有限公司。

具体来说，城中村村集体具有以下特征：第一，城中村集体的本质特征是土地集体所有，尤其是在撤村改制前村委会对村集体土地的使用控制权；第二，撤村改制后的村集体即村公司，不仅是一个经济实体，同时仍然体现了村民的自治组织色彩，表现为村公司内部保留着部分社区治理职能，与新成立的居民委员会存在行政组织和管理单位上的重合；第三，集体经济的发展，不断强化了村公司的社区管理能力，同时增强了对村民的组织、管理和调控能力。

那么，城中村集体核心是什么呢？是否如王颖所说是“合作”？本研究从H村调查中发现，H村村集体的核心是“庇护”。它体现在两个方面：政治层面和经济层面。

1．政治层面

政治层面表现为“人身依附和组织依赖”。村民变成了市民，虽然身份变了，但是村民在思想观念、行为方式及社会关系等方面并没有得到城市性的重塑。村民不再从事农业，但是从他们的就业、生活方式、居住方式等各方面来看，仍然带有明显的城中村色彩，与真正的市民存在诸多的差异。虽然城中村已经卷入了市场化，但仍然是一个相对封闭的社区。对于村民来说，村社区大量的共享资源和产品又增大了离开城中村的成本，这造成村社区的封闭。然而，这种封闭却反过来加强了村民个体与村公司的联系，增强社区内的凝聚力，体现了村民对村集体（村公司）的人身依附关系。同时，村公司在一定程度上保留了一定的政治性职能，这并非由其性质所决定，而是由现实所决定的非本质性职能。村公司在作为村民集体经济性组织的同时，又扮演着村民自组织（利益集团）的角色，起着沟通国家和农村社会关系，组织村民参加国家政治生活的作用。

2. 经济层面

对经济层面的讨论，需要回归到土地问题上。在城市化过程中，土地成为最有价值的生产资料。但是，由于土地的规模经营以及非农建设使得土地的集体所有制性质凸显出来，村公司依靠保留的土地作为资本。“土地的集体所有制是中国农村政府组织和集体经济组织政企合一的制度根源，提供了一种不同于计划体制也不同于市场体制的资源配置方式”。它使得村公司凝聚和控制了社区的绝大多数资源，从而可以集中资源和力量发展经济，代理农民以集体的方式与市场发生关系。而村集体经济对村民最大的吸引力是股份分红，即村民通过土地使用权的交换，得到了股份和分红，改原来对土地的依赖为股份依赖，同时也延续了土地养老的权利。

城市化步伐并没有完全实质性地进入城中村，也就是说社区市民化不够的条件下出现了村公司和村民之间的关系体制。由于基层政府的整合能力有限，村公司承担了村民人身依附和组织依赖、经济代理和股份分红等扩展功能。这与一般的居民自治有很大的不同。村民和村公司在土地占有和使用的基础上，组成了一个社区性“庇护”①（Sharon Kettering，1986）体系。而这种庇护体系是一种社区型的资源整合和政治整合机制，由此造成了城中村村公司在社区治理方面的庇护性特征。

村公司“庇护性”社区治理的特征体现在以下几个方面。

第一，非个人性关系。个体村民交出土地使用权，村公司则作为虚化的

---

① 根据 Sharon Kettering 的界定，所谓庇护，特点在于基于利益互惠形成指向个人的稳定忠诚，并为之提供服务。这两种角色被称为庇护者和被庇护者。两者之间构成一种权力影响的间接形式：庇护者通过给予或收回利益影响被庇护者的行为，奖励他的服从并处罚他的背叛。庇护者能够控制被庇护者，是因为后者感激过去获得的利益、并期望将来继续获得它们。这些利益可以是保护、优惠、优待、信息和机会等。被庇护者则提供忠诚、服务、馈赠、支持等作为回报。

主体将集体土地集中起来进行统一使用，村公司再将来自土地的收益按照股份原则分配给个体村民，并带来效益分红。可以看出，村民的行为是属于集体（群体）行为，而村公司的股份分红业已成为制度化行为。

第二，半公开（准）性质。在城中村，无论是居民内部，还是组织单位，大家对村民和村公司之间的关系都是了然于心的，并且在相当程度上获得了地方政府的认可。但由于没有得到制度化（如人口管理问题），村民并不属于居委会管辖便是最好的证明。

第三，工具性和价值性并存。形成和保持村公司和村民之间的庇护关系依赖于各自的需要：村公司的发展之基在于村民集体所有的土地；村民通过土地的交换不仅能获得组织依赖，还能收益颇丰。另外，村公司长期以来都是以基层组织的形象示人，因此村民对村公司的“被庇护”还存在意识形态的色彩。

第四，资源交换的非同质性。土地为集体所有，但是并没有说明某个个体占有多少土地，并没有明确的丈量。但是，在股份分红这里却非常明确，虽然人人有份，但按照社龄、年龄、工分这些标准，村民个体所有大有差别。

第五，高度内聚但不稳定。村公司作为村集体经济代理人，对村民具有高度的内聚力。但是作为村公司内部的负责人，具体来说就是各社社长、公司董事等，却并不十分稳定。同时，由于缺乏监督机制，村民往往对具体负责人缺乏信任，但是对职位本身的依赖仍然存在。

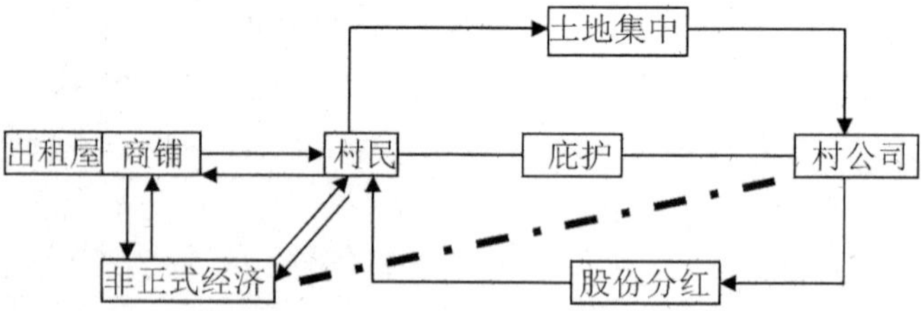

图 3－4　城中村的庇护型关系

在第二节中，我们认为，基于出租屋、士多店商铺，村民与外来人口营造的非正式经济之间形成了循环性的经济链。那么，为了实现村民的利益，村公司与村民之间的“庇护性”秩序需要扩散开来，具体来说就是村公司需要承担城中村非正式经济的“制度成本”。其中，获取基层政府默认态度则是其基本内容（参见图 3－4）。

小结：从城中村社区的经济生活中可以明显地发现，城中村内部存在两种方式但同一属性的经济形态，即租赁经济。无论是来自于村民个体的宅基地，还是村集体的物业，它们都是建立在土地这一资源基础上的，而非正式经济则是从租赁经济中延伸出来的。而针对城中村的经济生活，作为基层政府来说，来自国家意志的经济管理方式在一定程度上发生“失效”。而来自村集体经济代理人——村公司的经济管理在城中村中发挥着实际性作用，村公司和村民、非正式经济之间形成了一种庇护型的关系连接。

第四章　城中村的权利精英

就H村的政治变迁来说，在2002年"撤村改居"以前，H村一直都处于H村村民委员会这一自治状态下，村委会处于城中村权力精英的角色地位之中。但是改制后，H村村民委员会解体，新成立了JX社区和JX社区居民委员会。那么在改制后的城中村中，原有的村民委员会到现今的村经济公司，及已经新成立的居民委员会，它们在社区治理中各自处于什么样的地位呢？

第一节　居委会的产生与角色定位

从制度层面来说，居民委员会应当是社区自治性组织，但是具体到本研究中的JX社区来说，却是另外一番情景。在此，为具体阐释JX社区居委会的特殊性，将它与一般城市社区居委会进行对比。

一、居委会的产生

第一，一般城市社区居民委员会的产生。

《中华人民共和国宪法》第一百一十一条规定：居民委员会、村民委员会的主任、副主任和委员由居民选举。《中华人民共和国城市居民委员会组织法》第八条规定：居民委员会主任、副主任和委员，由本居住地区全体有选举权的居民或者由每户派代表选举产生；根据居民意见，也可以由每个居民小组选举代表二至三人选举产生。居民委员会每届任期三年，其成员可以连选连任。年满十八周岁的本居住地区居民不分民族、种族、性别、职业、家庭出身、宗教信仰、教育程度、财产状况、居住期限，都有选举权和被选举权；但是，依照法律被剥夺政治权利的人除外。

如前文所述，《中华人民共和国宪法》规定的居民委员会的产生方式是由居民选举产生;《中华人民共和国城市居民委员会组织法》则规定居民委员会由选举产生,选举可以采取由居民选举、户选代表和居民代表选举三种方式。《城市居民委员会组织条例》规定的居民委员会的任期是1年,《中华人民共和国城市居民委员会组织法》将任期改为了3年,并增加有关选举和被选举权的具体规定。简单地说,一般城市社区居委会的成立程序是:社区范围内招聘—报名—选举—公示—认可—正式工作。

第二,JX社区居委会的产生。

伴随着2002年"撤村改制"的实施,H村社区居委会于同年正式设立。虽然城中村居委会组织章程与一般城市社区无异,但是与实际情况却存在很大的差异。因为H村街道办事处也是同年成立的,很多方面的举措还不到位或者不完善,所以其下属的6个社区居委会并不是在社区范围内进行选举产生的。

王某,原个案村居委会成员。她在谈到居委会的成立时说:"街道刚成立,要招聘很多人,社会上的人还不知情,所有6个居委都是街道划定的,居委会里的人基本上都是凭借着关系进来的,我的姐姐在Z村街道,所以当我知道了H村居委会招人的事情,我就去街道报考了。"当问及王某新的居委会成立具体程序是怎样的,她说:"具有广州市户口的都可以去报考,由街道进行考核,有笔试和面试,通过后就分派到下面(社区),然后就开始工作了,也就是在工作后,在社区范围内对我们这几个人的具体情况进行公示,但这个公示都是走走形式而已。""在2005年换届的时候,由街道负责对我们进行考核,实际上大部分人都是留任的,同时在社区内又进行选举和公示,这些都只是做做样子罢了。"

从她的这番话中,基本上可以得出两个结论:H村居委会的成立,由街道办事处决定,其成员由街道办事处负责在广州市范围内招聘、考核、分派,社区范围内进行"形式化"公示。那么,对城中村居委会成立的程序可以概括为:街道招聘—考核、面试—分派社区—正式工作,同时进行公示—形式选举—认可—正式工作。

可以看出,城中村居委会的产生与一般城市社区居委会存在着极大的不同,具体表现在:一是一般城市社区居委会由社区居民选举产生,城中村居委会则由街道办事处直接进行设立;二是一般城市社区居委会工作人员在社区居民内选举,城中村居委会则由街道办事处在市民范围内进行招聘、考核和分派;三是城市居民委员会组织法中的"公示",在城中村则趋于形式化。

二、居委会的角色定位

第一,一般城市社区居委会的角色问题。

在居民委员会与所属街道办事处的关系问题上，我国宪法第一百一十一条只说明“居民委员会、村民委员会同基层政权的相互关系由法律规定”。城市居民委员会组织法依次对居民委员会与基层政权等的关系作了如下规定：不设区的市、市辖区的人民政府或者它的派出机关对居民委员会的工作给予指导、支持和帮助。居民委员会协助不设区的市、市辖区的人民政府或者它的派出机关开展工作。（第二条）居民委员会的设立、撤销、规模调整，由不设区的市、市辖区的人民政府决定。（第六条）市、市辖区的人民政府有关部门，需要居民委员会或者它的下属委员会协助进行的工作，应当经市、市辖区的人民政府或者它的派出机关同意并统一安排。市、市辖区的人民政府的有关部门，可以对居民委员会的下属委员会进行业务指导。（第二十条）

可见，《城市居民委员会组织条例》已经将“市、市辖区的人民政府或者它的派出机关”与居民委员会的关系确定为指导关系（第一条），并规定“市、市辖区的人民政府的工作部门和其他机关，如果必须向居民委员会或者它的工作委员会布置任务，应当经市、市辖区的人民委员会批准统一布置。市、市辖区的人民委员会的工作部门，可以对居民委员会有关的工作委员会进行业务指导”（第七条）。城市居民委员会组织法不仅将不设区的市、市辖区人民政府或者它的派出机构与居民委员会的关系发展为“指导、支持和帮助”关系，还明确规定了不设区的市、市辖区人民政府具有设立、撤销居民委员会和调整居民委员会规模的决定权。

第二，JX 社区居委会的角色问题。

彭某，个案村居委会主任，她在谈及居委会工作时感慨道：“日常工作太繁杂，但是回想下真正的社区事务却没多少，总是不断地在应付街道下派的各种任务，一阵子计生大检查，一阵子卫生大检查的，但是，没办法，你总要去办这些事情啊，谁叫我们是街道的脚啊。”

她的这段话非常形象地反映出城中村街道办事处和个案村的关系，“腿”和“脚”的比喻非常恰当地反映了城中村居委会和街道办事处之间是一种代理人的角色关系。从这段话看来，城市社区居委会与所属街道办之间是“指导、支持和帮助”关系，而城中村居委会与街道办事处之间则是“代理”关系，贯彻的是街道层面的“国家”意志。

第二节　村公司的选举事件

H 村集体经济开始于 20 世纪 80 年代后期，到 1994 年开始发展壮大，H 村居民委员会办公大楼即现在的村公司办公大楼是 1996 年建好的。时至

2002年撤村改制，城中村村委会解体，村集体经济剥离出来，成立H村实业有限公司，其物业面积达35万平方米，资产达7亿～8亿元。

一、村公司角色定位

根据2002年撤村改制的有关规定，H村村公司参照有限公司模式，实行独立核算，应当是一个拥有独立法人地位的经济单位。另外，村公司设立董事和股东代表大会，对村公司日常事务进行决策。

从制度设计上来说，村公司应当是一个经济单位，实行企业运作模式，摆脱长期以来跟随的双重身份的尴尬。虽然法理上村公司是一个独立、单一的经济实体身份，但由于村公司先天的集体经济的属性，与社区内的村民之间又形成一种庇护关系。

在笔者与社区内的村民交谈时，他们常用的话语是“我们公司”。村公司主管企业经济的副董也认为“公司承担的那些社会职能是一种义务，因为服务对象是本村的村民”。由此我们可以作出这样的判断，村公司不仅具有独立法人地位，还兼任了社区村民代理人的身份。

二、村公司选举事件

在城中村社区，随着城中村集体经济的不断发展，村民的独立性和自主性逐渐增强，而社区公共资源和公共产品的管理、分配和使用则一直是村民关注的问题。

社区利益结构的变化使农民的利益意识开始觉醒，维护自身的需要则激发了农民的参与意识(其实也与村公司内部缺乏监督机制有关)，其中一个最主要的参与途径即是选举。3年一次的选举，给村公司内部人事带来变动。此项制度延续于村委会选举，那么这里就要追本溯源。

全国人大常委会于1987年11月24日通过了《中华人民共和国村民委员会组织法(试行)》。这部法律共21条，对村民委员会的性质和地位、村民委员会的职能和职责、村民委员会的产生方式和组织构成、村民委员会的活动方式及其与基层政权的关系等问题作了明确规定。从内容上看，这部试行法律关注的重点在于村民委员会以及换届选举。

我国村民委员会组织法规定：“年满十八周岁的村民，不论民族、种族、性别、职业、家庭出身、宗教信仰、教育程度、财产状况、居住期限，都有选举权和被选举权，但是依照法律被剥夺政治权利的人除外。”

绝大部分的省级法规都按照这一规定对选民需足的条件，登记的时间、程序、张榜公布、申诉、作出书面解释和答复等作出了基本相同的规定。

广东省的具体制度落实相对较晚，其具体实施办法和选举方式分别于1998年和2001年正式制度化(参见表4-1)。

表 4-1 广东省实施办法、选举方式一览①

省份	实施办法		选举方式	
	通过机关	通过时间	通过机关	通过时间
广东省	广东省第九届人民代表大会常务委员第6次会议 广东省第九届人民代表大会常务委员会第33次会议修正	1998年11月27日 2002年5月30日	广东省九届人民代表大会常务委员会第27次会议	2001年9月4日

村民通过投票的方式参与国家和村社区公共事务的管理，村民投票主要有两种类型：一是参与人大代表的选举投票；二是参与村民委员会成员的选举投票。这两种投票大体上是在3年一次的换届选举中才进行。这是村委会时期的选举内容和投票类项。

根据H村实业有限公司改制时候"股份合作"的规定，并非"一股一票"，而是实行"一人一票"。实际上这也就是延续了村委会时期的选举规则，不同的是选举内容已经发生了变化，其争夺的不是社区公共管理权，而是经济管理权。

投票有两种类项：一种是选出股东代表，形成股东代表大会，从而对村公司的重大事项有决策权；第二种是选出经济社社长、分任董事及董事长。

政治发展理论一般都认为，经济发展水平与民主发育程度密切相关，人均收入甚至被视为考核政治发展的主要指标。而Jean Oi和Scott Rozellec在对中国村委会选举的调查和研究中注意到经济水平和民主竞争选举之间的复杂性。在他们看来，那些集体经济对村民有重要生存意义的村，往往会出现高投票率和竞争性选举。(Oi，Jean，1997)

笔者曾就选举问题与村民黄某交流过："为什么大家都挺热衷选举？"黄某笑说："就是选社长，现在都叫价1 000元一张选票了，成本这么高，只要当上了就能设法挣回来了！"

村公司的选举无疑是城中村经历的一个重要事件，村民参与选举是以个体收益为单位计算的，动机是出于利益或家(庭)族利益。而对于村公司来说，并不仅仅是一次人事上的调整，它意味着和基层政府的关系重构，是一个社区资源整合和调配的机会。

笔者有幸参与了H村五社选举经济社社长的过程。下面对这一过程进行详细说明。

从2006年7月份笔者开始进入H村起，关于选举的传闻就已经是满天

① 资料来源 http://www.chinarural.org

飞，经常就有村民议论说谁谁开始拉票，搞小动作。但是这些都不是在台面上进行的。居委会城管专干(本村人)告诉我："其实，要参选的人，早早就会铺路了，上下关系都打点好了。"

关于选举日期的安排，一直都没有确定下来，总是听人说"快了"。笔者问到五社一个原社委，他告诉笔者说："五社虽然是最大的分社，人口最多，但是我们地少，所以也是最穷的社，每年的股份分红都比别的社少很多，而且我们社也是人心最不齐的社，经常闹矛盾。各个家族间的纷争也很多，在选社长、股东代表时，矛盾也是最大的时候。"

居委会工作人员介绍，原来五社也不穷的，但是早年可以卖地的时候，原社长及队委以低价卖地，中饱私囊，现在五社的经济来源，只是部分荒山荒地，还有一些物业了。但是即使是这样，如果当上了社长，还是有谋利的空间，最明显的体现就是"出租"地段及物业了，还有就是获得当上社长之后的种种资源，包括受益其宗族亲属。

一直到2007年4月23日，五社社长、副社长、5个社委的选举才正式开始，是完全社里自己进行的，当天就出了结果。但是，紧接着陆续有五社的村民到街道办事处投诉，焦点集中在贿选上。在这种情况下，街道办事处和H村公司协商后决定一周后重新选举。4月30日早上8点半，JX居委会才得到通知，说今天要协助五社选举。笔者参与了当天选举全程。

五社共有选民529人，很多是一家出一个代表来五社祠堂填写选票，一个选民误工费一天10元。在祠堂中，搭起了很多临时的隔板，这些隔板的作用在于选民在写选票的时候不受干扰，同时也具有一定的隐蔽效果。到场社民中，以年轻人、妇女居多，还有的就是为数不多的有望当选的候选人了。

在选票现场，有街道办事处综治办的两个主任，警务室的3个民警，居委会的5个工作人员，另外村公司的几个董事也在场。基本上，维持现场秩序的是3个民警和居委会的工作人员。

选举时间从早上9点开始，祠堂中来填写选票的人络绎不绝，把祠堂挤得满满的。一直到中午11点的时候开始唱票。在唱票过程中，居委会和民警被排斥在外，笔者本来是想过去看，居委会主任拉住了我，她说："你别去，他们不想我们参与过多的。"笔者注意到，这时候，街道综治办的两个主任和村公司的董事也都是站在外围。

负责唱票的总共有5个人，都是H村五社社民，但都不是原来社长或社委。这5个人，分别负责唱票、查票、写票和监督。在五社祠堂进门的墙上贴了三张红纸，在上面写被选者的名字。一直到中午12点半，唱票都没有结束。

这时候，送盒饭的来了，是按早上来维持秩序和负责唱票的人数来定餐的。居委会主任说："看来这里不需要我们，那我们拿回去吃吧。"笔者跟随居委会工作人员回到JX居委会。刚进门，街道办事处就来了电话，说五社村民打电话到街道，问居委会有什么事情怎么突然走了。这样，我们又把盒饭提回祠堂，边吃边看唱票过程。

唱票一直到下午3点才结束，在红纸上共有十四五个人的名字，按照得票多少的原则，前7人当选，分别是社长、副社长和5个社委。

从五社选举的事例中可以发现，有三种角色人：第一，街道办事处和居委会；第二，社民；第三，村公司。村民在认为有贿选时，会向街道投诉，反映了村民对来自政府的信任。在选举过程中，需要街道办和居委会的相关人员在场，这不仅仅意在维持选举现场秩序，更多的是需要他们在场的象征性意义。但是同时，他们又不希望街道和居委会过多地参与进来。从居委会临时得到通知就可以看出，在村民们看来，选举是他们自己的事情，不想受到外来的制约。同时，村公司并不实质性介入五社，这也与股份合作制公司内部的"独立核算"相关联。

可见，村民们处于一种矛盾的心理状态之中。在社民内部，存在着诸多的矛盾，不管是台面上的，还是私下操作的。但是在面对外来者，无论是街道、居委会还是村公司，它们的态度又都是统一的。而对于选举来说，已经完全不存在我们对一般乡村社区选举时常讨论的"两委之争"，党支部委员会的作用基本上消失殆尽。虽然延续了村委会选举的方式、程序，但是他们谋求的并不是经济社里的公共事务管理权，而是对经济社集体资源或财产的处置权和管理权。在此，选举的意义单一化了。选举的政治意识已经被解构，可以说，选举已经趋于"政治的形式、经济的实质"。但是，这种选举客观上延续了其原有的权力精英地位。

第三节　权力的认同性

合法性是指政治权力在对社会进行政治管理和政治统治时何以能够得到社会认可的问题。用哈贝马斯的话来说，合法性是指政治权力被社会认可的一种价值(哈贝马斯，1989)。

现代政治权力的合法性基础大致包括三个方面：一是意识形态上的理念基础；二是遵循宪政制度的规则基础；三是有效性的政绩基础。三者之中，以规则基础最为根本。政治权力对规则的遵循包括两个方面的内容：一是政治权力通过民主选举获得一种程序(渊源)上的合法性；二是政治权力的具体运作必须在宪法和法律规定的权限范围内进行。

显然，权力的合法性问题涉及权力的授权关系，这是为了防止权力与社会利益的脱节乃至对立，因而它就能避免脱节所带来的治理困难。而JX居委会就面临这一难题。

第一节中谈到，JX 社区居委会无论是从其产生、换届，还是其扮演的社区角色方面，都趋于行政化。如果从权力合法性中的授权关系来看，作为社区居委会，制度安排上应该是在社区范围内具有居民身份，也就是具有村籍身份的居民来进行选举，居委会的权力应当是来自这部分人，那么权威的指向也就毫无疑问地要回归到村籍居民中去。

这一制度性路径可以表述为：社区居委会从村籍人口选举中得到权力，权威指向于村籍人口。但是这与 JX 社区的实际情况显然不符。JX 社区居委会实际的权力路径是：从街道办事处那里得到授权，权力指向外来人口。

JX 居委会权力性质是自上而下的、单向性科层式的。也就是说，居委会的权力地位不是在治理过程中或通过自身权力再生产来实现的。以传统方式建构领导地位，必然会遇到来自城中村复杂环境的各种挑战。这也就从根本上解释了基层政权在城中村中治理受阻的尴尬境地。JX 居委会主任有一个朴素性的解释："没有利益牵制，也没有什么关联，没人会听你的话。"这客观上导致了城中村社区居委会治理的有限性。

JX 社区居委会并不是 H 村中唯一的公共权力机关，其治理职能是有限的。居委会作为一种理念、制度，在实际的社区发展中是没有"根脚"的，它的进入完全是国家推行城市化的后果。

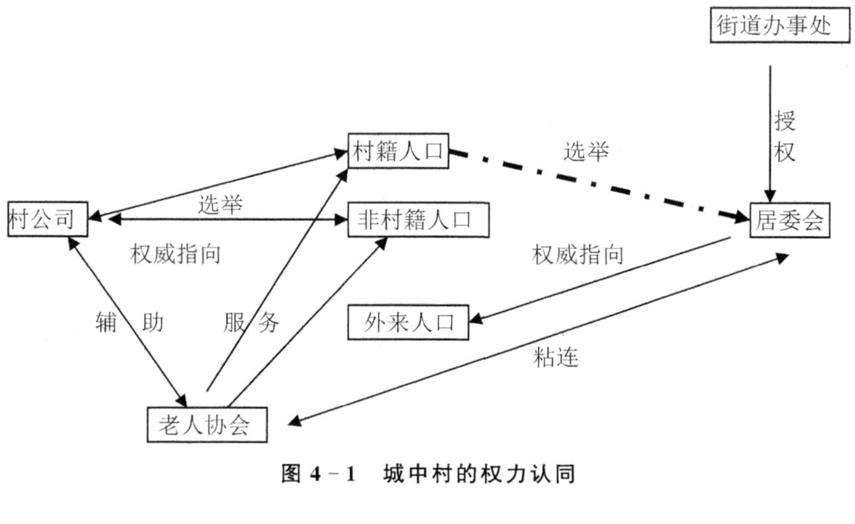

图 4－1　城中村的权力认同

而对权力来说，任何组织的主导地位并不能通过授权而自然获得，而是经由一种双向的互动过程才能得以逐步确立。只有这样，组织才可能在本组织之外为自己再造新的权利来源（参见图 4－1）。

实际上，在城中村社区，这种国家意志的实现和实现程度最终要取决于社区内的需求和认可。而来自社区本土的村公司，与村民共同体的一致性较高，并且存在社区利益关联。更为重要的是，它是通过选举而产生的，具有广泛的合法性基础，较高水平的合法性使得政治权力的行动能力也具有较高的水平。经过民主选举产生的村公司不仅具备了根本的程序合法性，而且还吸收了老人协会这一重要的民间组织。

老人协会是本村老人的组织，共17人。他们大多是各社的“非常”人物，有的是宗族中德高望重者，有的是原来的生产队队长，有的是原村委会主任、村支书，还有的是从东圃镇退休下来的干部。老人协会的活动经费由村公司支付，村公司对老人协会也很尊重，村公司让他们参与公司决策，同时这些老人的参与意识也很强。传统节日的时候，村公司都会请老人协会的成员吃饭。

不仅如此，城中村居委会也经常拜访老人协会。老人协会的会长等人也常到居委会中聊天喝茶，碰到居委会组织社区活动的时候，也会积极协助居委会工作。

孙立平与郭于华曾经用“正式权力的非正式运作”分析国家在基层社区利用本土性资源的问题(孙立平、郭于华，2000)。桂勇认为国家在基层社区借助于本土性文化资源，采取了一种非制度化、非正式色彩的权力策略，其中特定的社会结构(积极分子群体、居委会—楼组—居民的三级体系)起到了粘连的作用(桂勇，2007)。

对本研究来说，H村的本土性资源指的是城中村村公司所拥有的社区资源。那么这个粘连者就是“老人协会”。同时在城中村日常生活中，老人协会也充分发挥着余热作用。他们与社区党员一起自发形成了义务巡逻队，每周1次义务在整个村子范围内巡逻，已制度化2年了。该巡逻队是在城中村居委会和村公司同时登记在册。

对于居委会来说，老人协会最了解社区。它获得村民最多的信任，具有很强的社区动员能力，而且一定程度上还代表了村公司。因此，城中村居委会非常重视老人协会的作用。居委会日常工作的两大服务对象之一就是社区老人工作，如定期举行老人外出旅游、健身、文化等活动，关心他们的所需所想。在涉及部分困难问题时，如村公司部分职能部门不作为的时候，还会向老人协会求助。

对村公司来说，老人协会的会员虽然卸任，但是手中仍然掌握了大量的社区资源。无论是“对上”还是“对下”，老人协会在村民心目中具有重要的影响力，它往往代表了村民的真正心声。有了它的社区参与，其策略才能获得更多村民的支持。因此，很多时候村公司都会听从老人协会的建议，在涉及老人协会利益的时候更是有所照顾，比如老人协会的活动经费问题。

这样看来，村公司和居委会双方对老人协会都有所“求”。老人协会在城中村社区中一定程度上起到了粘连两者的作用。但是，村公司和居委会对老人协会都没有任何正式的约束手段。老人协会的职责都是业余性质的，其成员没有多少报酬。但是，他们心系社区，真正关心城中村的发展及村民的利益，虽然不在任，但做什么事情都非常认真负责。维系他们积极性的动力机制在于他们自身对城中村社区的责任心。这一点非常类似于Read提出的“地方志愿主义”(local voluntarism)(Read，2003)：与个人行为所能获得的利益没有什么关系，主要源于个人的精神激励，源于一种为社区做贡献的渴望，一种肯定自己价值的渴望，一种与社区融合的渴望。但他们这种志愿主义只是限于城中村范围内部，关心的更多的是社区内的村民利益。他们的行动在很大程度上取决于服务对象的村籍性。

小结：城中村社区中存在两种性质的权力精英——居委会和村公司。而关于两者的产生方式和运作手段，前者名义上是社区自治组织，但是无论是从其产生、换届，还是从其社区认同角度来说，它都扮演着基层政府代言人的角色。后者延续了村委会时期的选举形式，改换内涵，以经济支配(争夺)地位为主要目的，但是客观上带来了村民群体的认同。可以说，在城中村社区的治理权力中，制度性和身份性共同发生作用。

撤村改制的制度化实践，虽然把村民转变为市民身份，从而将村民的认同从村落层次转向国家，但是与国家的实质性关联仍然薄弱。在很多情况下，城中村社区内的身份性的认同对社区运作的影响力要超过制度性认同。城中村制度化权力的弱化是有着植根于村庄的社会基础的：从产生方式上来看，制度化权力并非出自村庄内部而是一种制度设置；从治理效果上来看，总是为大量的行政事务所累；从权力认同上看，并没有得到社区居民尤其是村民的认可。相反，村公司作为社区村民代理人，不仅是经济层面上的代理，还扮演村民政治、社区管理的代言人的角色，再加上“村老人协会”组织的支持作用，村公司正处在社区治理中“身份性认同”地位。

第五章　城中村的社区管理

从2002年到2006年，虽然经历了近5年的城市社区发展历程，但是JX社区仍然保留了大量的"村式"逻辑：在经济秩序层面，并没有发生很明显的变化—非正式经济仍然在发挥着其特有的魅力；在政治层面，居委会的建立没有完成国家与基层社区之间实质性的关系连接—村民仍然将村公司视为组织和制度依赖，对基层政府的需要只是停留在象征层面。

H村的基本结构关系并没有发生实质性的变化，其原有的社会整合机制（依赖原来的村委会即现在的村公司）仍然有效。

那么，在城中村日常事务层面，居委会和村公司所造就的社区治理是怎样的呢？

第一节　H村的人口、出租屋管理

人口管理是社区管理中重要的一环。前文我们已经对H村的人口进行了分类（包括村籍村民、非村籍村民、广州市民、农民工），下面具体考察居委会和村公司这两个社区组织在人口管理方面的职能定位。

一、居委会的人口、出租屋管理

从制度层面来说，《中华人民共和国宪法》第一百一十一条对居民委员会的性质作了如下规定：城市和农村按居民居住地区的居民委员会或者村民委员会是基层群众性自治组织。此外，《中华人民共和国城市居民委员会组织法》第二条对群众自治性作了更明确的定义：居民委员会是居民自我管理、自我教育、自我服务的基层群众性自治组织。那么，居委会的人口管理范畴应当是覆盖整个社区，更具体地说，即是辖区内的所有居民，对是否是村民并不作区分。

H村实业有限公司，既然是经济实体、公司体制，那么对公司员工具有明确的管理权限，这点应当毫无疑义。但是，在H村实际的情况是怎样的呢？下面以计生事件作具体的阐释。

有一次，笔者和JX居委会计生专干胡某吃完午饭回居委会，在路上碰到一个孕妇，出于职业敏感，胡某赶上前去问该孕妇住在哪里，孕妇回答："我是本村的。"听到这样的回答后，胡某就让孕妇走了。笔者感到很奇怪，就问她怎么不登记该孕妇的信息。胡某说："本村的人，我们都是不管的，由村公司负责。"

然后，她告诉笔者："不光是计生，凡是涉及本村人的事情，除了民政工作也就是办办老年证之类，剩下的像户口、计生这些都是由他们公司自己负责的。"笔者又问及，居委会管理的是哪部分人口时，胡某表示："就是外来人口，绝大部分都是来打工的。我们需要登记他们的信息。租房子的时候，要租房合同①的。这个合同是一式两份的，我们居委会会复印一份。这样的话，这些外来人口的信息我们就能掌握了。但是，这存在问题，并不是所有打工的都有这个意识。城中村的计生工作太难了，外来人口流动性太大，有时候我自己下去，刚登记到一个人，明天去找他，人就搬走了，不知道去哪了。很多人到这来住，目的就是生小孩。"

这里需要特别指出的是，当时在广州，外来人口管理是与出租屋管理实行捆绑的。广州市在2004年实行的《关于进一步加强流动人口和出租屋管理服务工作的意见》（粤办发〔2004〕26号，见附件3）中明确指出："各地可根据实际需要组建或整合流动人口和出租屋协管人员队伍，协助相关职能部门做好流动人口和出租屋管理服务的日常工作，包括暂住人员登记办证、房屋租赁登记备案、流动人口计划生育管理、检查验证、档案管理、搜集流动人口和出租屋动态信息、代征相关税费等。协管员由县（市、区）流动人口和出租屋管理部门负责招聘、培训、管理和使用。协管员不具备执法权。流动人口和出租屋管理机构与各相关职能部门要加强对协管员的教育培训和管理监督，并对其履行相关业务工作职责的行为负责。"

但是在本研究中，由于居委会的辖区范围就在原H村范围内，出于管理成本上的考虑，H村街道办事处并未给H村配给出租屋协管员，而这一协管职能仍由原来村委会现村公司中的出租屋管理员来执行。这一细微之处可以从H村出租屋管理员的证件以窥一斑，也可从下面这份通知中略知一二。

通知

各出租屋屋主及租房人员：

广州市房屋租赁管理规定，出租人不得向没有计划生育证明的已婚育

① 租房合同见附件。

龄流动人员出租房屋，发现承租人和居住人员生育或者怀孕的，及时向计划生育行政主管部门报告。出租人违反本规定，向没有计划生育证明的已婚育龄流动人口出租房屋，或者发现承租人和居住人员生育或者怀孕，未及时向计划生育行政主管部门报告，由计划生育行政主管部门处以 1 000 元罚款，出租人是法人或者其他组织的，处以 1 000 元以上 5 000 元以下罚款。

希出租屋屋主在出租给育龄妇女或怀孕人员时要验明其计划生育证明（特别怀孕人员持有准生证），对无证怀孕人员，屋主应停租并督促其回原户籍地办理有关证明。在 5 月 10 日至 6 月 30 日期间若发现无证孕妇，除对其采取有关措施之后还将追查出租屋主责任（凡有证育龄妇女外出时，请随身携带，以备检查）。

谢谢合作！

H 村实业有限公司

H 街 JX 社区居委会

二〇〇六年五月九日

也就是说，城中村中的居委会在出租屋管理方面先天就是缺失的。虽然在其日常工作中仍有部分外来人口在居委会办理出租屋登记手续，但是多是拾遗补阙性质的。再转到人口管理方面，居委会对辖区范围内的居民（指外来人口）的具体情况不是十分明确也就不足为奇了，更谈不上针对这些人的具体管理了。居委会的工作更多地集中在外来人口上门来办理各种证件，如健康证、计划生育证明等。

居委会计生专干胡某向笔者抱怨道："好多打工的人没住上几天就走人了，我们很难有个准确的数据。有时候还没有村公司的出租屋协管员清楚。因为出租屋协管员是村公司的，他们的工资是公司开的，和我们没什么关系。但是他们在村里查到的罚款都要交到街道上去，而街道却一分钱也没有返回。这在他们看来很不合理，有没有作为都一个样，而且屋主都是本村村民，抹不开面子。"

计划生育是国家赋予基层社区的一项重要任务，日益严峻的人口形势迫使从中央到地方的各级政府都必须始终如一地全力贯彻，以一种强制性的措施来推进此项政策的落实。应当说，在城中村社区，社区居委会在计生问题上客观上都扮演着一个超地方公共意志的角色，为计生政策的有效实施作出了一系列的操作性安排：严格的计划生育指标控制、定期妇检、落实各种节育措施、公布各种计划生育和人口管理的信息。这些都是村计划生育的日常工作。计生专干表现出了对上负责的科层化特征，体现了地方政权对基层社区的控制"预期"。

之所以说是"预期"，这与城中村社区外来人口的高流动率是分不开的，同时又无法超越村民而获得外来人口的信息。出租屋协管员的部分不作为，使居委会的计生工作显得“有心无力”，而由此带来的人口秩序趋于“无序”。

二、村公司的人口管理

李银河通过对中国农村村落文化对农民生育行为的影响分析发现，从超越地方性知识的国家大文化的角度审视，农民的多生育行为往往是一种不计成本、不计后果的非理性的生育冲动。抑制农民生育冲动的主要力量有两个：一是社会经济因素；二是计划生育的行政因素。“前者大致是人们出于对自身社会经济利益考虑所做出的自愿抑制生育冲动的努力，后者则是指政府在一些人并不十分情愿的情况下强制推行计划生育措施来抑制生育动力的做法”（李银河，1994）。可见，第二种抑制因素在城中村中不能奏效。面对外来人口的这种非理性冲动，城中村居委会日常的计划生育管理往往是无能的。那么，现在就有必要审视 H 村实业有限公司在人口管理上表现出什么样的特征，尤其是在计生问题上。

H 村实业有限公司内部就有负责本村村民的计生人员，他们的工作有效吗？笔者在与 H 村村公司主管计生工作的主任梁某交谈时，她说：“我们这里负责计生工作的总共 6 个人，都是本村的女儿或媳妇。全村就这么多人，差不多人都能认得。总体上来讲，我们村对超生都比较顾忌，超生相对来讲要少些。如果是超生的话，婴儿入户再交钱，暂停 14 年的股份分红，这在天河区是罚得最重的”。（天河区规定如果超生则停止股份分红 7～14 年，各村有差异。）

但是梁某又接着说：“这几年也有人想法超生的。有的人，宁愿停股，宁愿少钱，也要生的。反正年轻人股份不是很多，对于停不停股份无所谓。还有的人干脆离婚，公司内部员工就有 2 个这样干的。我觉得，这对女方很不公平。本来村民自身就素质不高，没有工作，如果男方因为这个原因（关键是未生男）要离婚的话，女方根本就没有什么出路。”同样，主管村公司经济的副董也认为：“原来农民是可以生 2 个孩子的，现在户口变了，成为市民了，反而只能生 1 个孩子，多生就要停股，村民对此意见很大。”

从以上两段话可以看出，在 H 村，抑制村民生育冲动的主要力量并不是来自政府高强度的政策控制，更多的是来自村公司对于违反计划生育者的严厉、强制的经济制裁。对此，村公司的态度虽然不是很认同，但还是认真执行，对于计生的管理呈现刚性的色彩，即使有少数“曲线”成功的例子。

在面对人口管理的时候，H 村实业有限公司客观上扮演着“超地方公共意志”和“超群体公共意志”的角色，虽然以经济惩罚为成本和代价，却带来了人口管理的“有序”。

第二节 城中村的违规建筑

城中村的地区规划、建设问题长期以来处于混乱和低水平状态，不仅造成了社区内的房屋布局杂乱无章、建筑密度较高、土地利用率和绿化率低下、环境卫生较差、生活和基础设施配套严重不足等问题，而且违法用地和违章建筑屡禁不止，出现了大量的广州人戏称“飞楼”的“握手楼”和“贴面楼”。

笔者2006年暑期在个案村作田野调查，发现以JX居委会为轴心，周边不下5处在拆楼盖楼。凑巧的是，就在社区居委会后侧方有户人家正在拆一栋五层高的楼房，没过几天就开始打地基，混凝土搅拌机的声音十分刺耳。笔者很好奇一栋好好的楼为什么要拆，居委会不以为然，“拆掉还不是要盖更高的楼”。果不其然，不到两个月的时间，一栋8层高的楼基本成形。笔者很疑惑，如果根据天河区村民宅基地三层半的规定，这不明显违规了吗？对此，居委会城管专干告诉我：“这种现象在城中村很普遍的，我们想管也管不了，就随它去了。”

笔者就此事和村公司负责城管的副董交谈过，他说：“大家都盖楼啊，除非有人到上面举报，要不然我们都不会去管的。再讲了，我们都一个村子的，哪好意思得罪人，要不然以后工作不好做。”除了村民个体的出租屋外，村公司的很多物业也是属于违章性质的。对此，H村实业有限公司的董事这样解说：“其实我们也知道是违章的，但是已经建了，怎么办呢？别的村不都是这样？这些违章的都不给报建，我们公司现在那些物业，25万平方米只有集体房产证，近30万平方米无房产证。正是不予报建，那么也就无人管理；越是没人管理，违章的就越多。其实，村民的那些宅基地也是这个道理。长此以往，倒成了恶性循环了。我认为这是个体制性原因，而且这也与国家讲的新农村建设相违背啊。”

其实，这位村公司董事讲到的体制性原因，的确在一定程度上导致并加重了城中村的违章建设情况。基层政府为了节省社区治理成本，对城中村采取的是一种类似切割的方式，只在涉及城市修建道路、市政设施和扩建城区的部分地段征地。那么，由此而导致的结果就是，属于政府“切割”范围以内的社区建筑符合标准。而在这之外的，基层政府则是一种“无为”的态度，即使知道社区内存在大量的违章现象，也知道这种违章越来越严重，只要维持在“切割”范围以外就可以接受。但是，换个角度来说，基层政府对城中村内违章建筑的默认态度，客观上也助长了违规现象。而且，这也是对H村实业有限公司既有利益的一种尊重。

第三节　社区治理角色

从以上两节中我们已经看出，JX 社区居委会在社区治理方面存在有限性，而 H 村实业有限公司却体现出了很多社区治理方面的职能优势。那么现在就有必要对这两者具体的社区职能进行划分了。

一、居委会社区事务

首先来看 JX 社区居民委员会。在居委会人员安排上，总共有 6 名工作人员，分别是：主任、副主任、计生专干、民政专干、综治专干、城管专干。

前面我们已经谈到，在城中村人口管理上，居委会负责外来人口，村公司负责本村人口。同时，村公司出租屋协管员还会协助居委会进行外来人口的相关管理工作。那么除了人口管理之外，别的社区事务呢？为此，笔者和 JX 居委会的其他专干进行了交流。

民政专干杨某告诉笔者："我的主要职责就是负责村里的老人工作。村里老人多，光是办老年证我就要跑好多家。还有就是对残疾人、精神病人的一些事情。你不知道早些年村里穷，有病都不治，导致好多身体和精神有问题的人。这些人都住在村里，好歹还有股份保障着。老人多，身体有疾病的人也多，还有经常到他们家去看看"。

当笔者问及外来人口的老人工作时，杨某说："这边外来老人不多。有的话，也是跟子女过来帮着看小孩的。他们的户口不在这边，我们是不管的。就像广州市的老年证，也就是发给广州市民的啊。"

居委会主任说："我们这里工作除了民政是自己全盘负责之外，剩下的，像计生、城管、综治的，都是需要公司协助的。不然的话，我们就 6 个人，2 万多外来人口，怎么管？"

笔者根据 2 年多的 H 村调研经验，结合"JX 社区巾帼文明岗职责"（见附件 4）对 JX 居委会实际工作作了统计。见表 5－1.

表 5－1　JX 社区居委会实际工作统计

工作项目	工作任务		业务部门
居委会建设	1	组织召开社区居委会居民代表会议	民政局
	2	组织召开社区居委会民主议事会	
	3	组织召开社区居委会理财小组会议	
	4	居民监督小组活动	
	5	居民代表会议	
	6	落实各项工作制度	

（续表）

工作项目	工作任务		业务部门
社区服务	7	成立社区志愿者队伍	民政局
	8	建立“星光之家”	
	9	负责组织开办社区服务项目	
老年工作	10	成立老年人协会	老龄委 老体协
	11	老干部工作	
	12	负责老龄委工作	
	13	老年人查体	
	14	为老年人办证	
	15	组织老年人开展或参加文体活动	
社区卫生	16	卫生、环保法律、法规和科普知识的宣传	卫生局
	17	配合社区卫生站为居民查体	
	18	积极组织开展群众性爱国卫生运动	
	19	建立卫生检查、评比制度	
	20	建立社区居民健康档案	
	21	组织儿童疫苗接种	
	22	协助街道办事处为无业、流动妇女做妇科检查	
	23	居民健康教育	
	24	发送卫生保健方面的宣传品	
	25	发放灭蚊、除蟑螂药具	
社区文化	26	负责社区文化站“在水一坊”管理	文化局
	27	组织居民进学校，并安排授课	
	28	建立特色文化宣传队伍	
	29	组织居民文体活动	
	30	配合区、街组织的一切文体活动	
	31	清理文化市场	
	32	进行文明共建工作	
社区环境	33	社区卫生整治、清除乱贴乱画、乱搭乱建	城管局
	34	检查道路保洁、垃圾清运情况	
	35	美化、亮化、绿化、硬化社区环境	
	36	通知城管部门，拆除违章建筑	
	37	部分道路保洁	

（续表）

工作项目	工作任务		业务部门
社区治安	38	帮教两释人员、重点人员	政法委
	39	协助警务室，治安巡逻	
	40	调解居民纠纷	
	41	做防盗、防火、防灾、防汛等方面知识讲座或宣传	
	42	消防法规宣传	
	43	普法宣传教育	
	44	法律咨询	
	41	协办房屋租赁登记	
	42	办理外来人口登记	
	43	做法轮功练习者的转化工作	
社区教育	44	负责社区日常生活知识的宣传普及	教体局
	45	各级有关部门宣传品的发送	
	46	成立“关协”，组织少年儿童参加形式多样的社区活动	
	47	“两假”期间组织实践活动	
计划生育	48	成立计生协会	计生委
	49	开展“三生”服务	
	50	宣传计生政策	
	51	组织重点人员学习	
	52	计划生育宣传	
	53	常住育龄妇女登记	
	54	流动育龄妇女登记	
	55	无业人员登记	
	56	重点人员登记	
	57	建立计生档案卡及网上登记	
	58	宣传计生知识，发送宣传资料	
	59	发送避孕药具	
	60	为流出人员办证	
	61	督促流入人员办证	
	62	为育龄妇女查体	
	63	代发儿童打针单	
	64	新生儿登记	

（续表）

工作项目	工作任务		业务部门
妇女工作	65	成立巾帼文明岗	妇联
	66	制订妇女培训计划	
	67	评选五好文明家庭	
	68	走访下岗女职工家庭	
	69	反映下岗女职工的实际情况	
	70	组建社区妇女舞蹈队	
	71	为下岗妇女推荐工作岗位	
残联工作	72	成立残疾人协会	残联
	73	负责残疾人登记、康复，开展文体活动	
	74	安置残疾人就业	
	75	建立残疾人档案	
统战工作	76	民族事务	统战部
	77	宗教工作	
社会福利工作	78	办理、发放社会优抚救济物资	民政局
	79	社会捐助	
	80	照顾社会孤老	
	81	关爱空巢家庭	
	82	走访特殊群体家庭并为其提供帮助	
	83	移风易俗宣传	
	84	募捐工作	
	85	拥军优属工作	
环保工作	86	进行环保知识宣传	环保局
	87	创建环境保护社区	
科协工作	88	科普宣传	科协
	89	组织科普活动	
	90	建立文明学校	
精神文明建设工作	91	定期举办学习班	文明办
	92	公民道德教育	
	93	评选文明市民	
	94	组织居民听课	
	95	社区文化建设	

（续表）

工作项目	工作任务		业务部门
其他	96	给居民出具证明	
	97	兵役登记	
	98	送信	
	99	未经政府统一安排的入户调查	
	100	送报	
	101	组织居民参加各类会议	
	102	信访工作	
	103	人口普查	
	104	社区工会工作	
	105	向政府有关部门及时反映社区居民对政府工作的意见、要求	

从表 5－1 中可以看出，JX 居委会职责非常繁杂，很多事务并没有落到实处，或者说都停留在表面。这是因为居委会 6 个人的责任编制决定了其不可能承担如此繁重的任务。

二、居委会社区治理角色

城中村居委会为各种行政事务所累，且具有相当程度上的行政化色彩，主要表现为承担街道办事处下达的指令性计划、任务或指标等。所承担的绝大部分工作都与其应然角色（自治组织）不相符。社区居委会的角色错位极大地抑制了其自身工作的发挥，也极大影响了社区居民自治的步伐。

造成居委会功能泛化和角色错位的原因是多方面的，既有制度方面的，也有认识方面的。从制度层面上来讲，居委会更多的是被当作街道办事处的下属机构来设计的，在实践中赋予了它很强的政治动员功能和社会事务管理功能，其真正的自治管理功能却极其有限。在认识层面，由于人们长期活动于传统的管理模式中，形成了一种思维定势，无论是居委会自身，还是居民，都自觉不自觉地将居委会视为替街道办事处分担具体事务的下属机构，而非代表和维护全体居民利益的群众性自治组织。在政府倡导和推动的社区建设中，政府便不可能轻易改变其长期形成的管理模式和它与居委会之间的耦合关系，因此社区居委会的作用发挥和实际运行在很大程度上仍受制于传统体制（潘小娟，2004）。

居委会主任彭某曾向笔者抱怨："虽然我们人少，但街道总以为我们工作很轻松，反正有公司协助。但是并不是只要你去，人家就协助你的嘛！幸好几个董事比较关心社区建设、社区服务的。要不然没有利益牵制，又没有什么关系？谁理你？”

JX社区居委会以社区建设为纽带，积极构建与H村实业有限公司的关系连接。居委会工作的一项重要任务是开展社区建设、组织各种社区服务、文化活动等。其中，老人和小孩是关键，比如JX社区建立了老人活动中心“星光之家”，成立了“关心下一代协会”等。

对此，村公司持肯定态度，村公司的董事长黄某说：“彭主任能力很强，居委会工作出色，为我们村民服务，尤其是代我们所想，关心我们老人和小孩。这一点，我们都很感谢。”

2006年11月2日，H村举办了出租屋咨询活动。此项活动主办方是H村实业有限公司，协办方是JX居委会。但是实际上，出租屋咨询活动，街道并没有下派任务到居委，是居委会主动“找上门去”协助村公司开展的，且活动现场的播音语种是粤语，来咨询的人都有纪念品发放。笔者注意到来咨询的人基本上都是本村人。这是因为咨询有一块内容是关于缴纳出租屋税的问题。令人奇怪的是，一直没有外来人口咨询。笔者问周边围观的外来人口，对方回答说：“都听不懂讲什么，反正要我交钱我就交钱了。”

可见，城中村居委会为了获取来自村公司和村民的认同，加强合法性地位，在社区事务管理上采取合作性（与村公司协作）的管理方式，其社区建设、社区活动以本村村民为首要服务对象，而在面临外来人口时则是一种管制的态度，而非服务的立场。

三、村公司的治理事务

H村实业有限公司，在短短几年间经历了政治组织共同体向经济共同体的转变，村集体以土地为资本，拥有了雄厚的经济实力，不仅极大地影响着本村村民的日常生活，而且对整个社区政治格局产生影响。它与居委会在社区事务上的客观划分以及公共产品供给方面的错位（黎炳盛，2001）就是最好的证明。

H村实业有限公司名为公司，但一定程度上仍是村民自治组织，这一点与经济组织属性明显不符。在村公司内部实行的是半科层化管理方式，主要体现在机构设置和人事管理上。在社区范围内，则是实行一种类似城市社区物业的管理方式。虽然在公司内部专门成立了H村物业公司，但是它更多的是个虚职，很多职能还是由负责的董事监管。

村公司不仅仅是个公司性单位，而且还是个社区事务管理者。实际上除了上两个事例中的计生和城管部门外，城中村村公司还承担了社区治安、出租屋管理、环卫绿化等其他职能，同时负责村民医疗卫生、老人福利、学校教育的部分费用。

以社区治安来说，H村治安情况不是很好，行政治安案件如盗窃等时有发生，另外还有不少抢劫、卖淫、入室伤人等刑事案件发生。H村社区治安力量不能说很弱，除了两个正式编制的警察外，还有社区八个闸口的门卫，还有许多热心社区安全的老年居民。但是这几股力量的管理序列分散，几个部门都有治安人员在社区，如社区义务治安巡逻员由居委会管理，门卫保安由街道综治办管理，片警属于公安系统。这些力量由于权属分散，都是“各尽其责”，无法达到统一指挥；都管治安，又都不能深入管治安。这样既浪费治安资源，又降低了治安力量。而村公司出租屋的近20个协管员，他们非常熟悉出租屋和租客的情况，另外还在本村人中招募了100多名治安联防员（村民），由专门的副董监管城中村社区治安，社区治安自然变好了。

四、村公司的治理效果

村公司对村民的管理方式相对来说更加的规范，村公司以社区经济做基础，因而在许多制度性、组织性的规定中，往往附加了大量的经济性处罚与激励，几乎所有公共活动的参与，小到出席一般的村民会议，大到代表参加龙舟比赛，都有奖金，对于违反公司规定的，一般实行经济性的惩罚。如违反计划生育者罚停股份，由此可见经济性的惩罚目前还具有一定的威慑力。

至于村公司在社区职务上协助居委会，其原因在于：村公司所有的发展资源都在社区范围内，无论是出于连带责任和义务，还是企业发展获益的实现来说，公司体制的经济原则、市场原则都不能主宰一切。村公司追求的是公司获益和保障并实现社区事务两相权衡下的利益极大化目标。基于这样的准则，村公司自身也存在对社区事务进行管理的需求，但是这种需求还是以本村村民利益为优先考虑的。

城中村社区居委会和村（集体经济）公司两者在社区事务上的划分及治理可以从图5-1中看出。

从图5-1可以看出，虽然居委会的职能不多，但是这些职能实施起来却有难度，一是其自身为各种社区事务所累；二是居委会没有社区基础，无法与村民群体取得有效的关系连接，也就更不可能通过村民群体来获得外来人员的信息，针对外来人员也没有有效的整合机制。为获得村公司的支持，即使是举办各种社区活动，首要的服务对象也是村民群体，同时这些活动的开展又加重了居委会的负担。这样似乎就形成了一个“恶性”循环，使得居委会在外来人口的治理方面也越来越倚重村公司的协助。

对村公司来说，摆脱了长期以来双重角色的负担，以单一的经济角色来承担只限于村民的社区事务，这是由于其自身的集体经济属性所决定的。这样也就导致了村公司和居委会之间薄弱的协助性关系。但是，出于村公

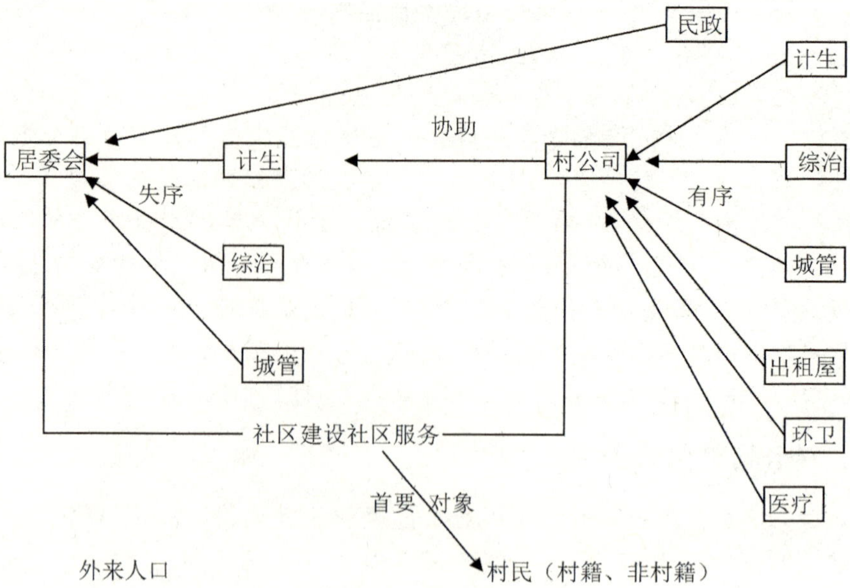

图 5-1　城中村社区事务管理事项

司自身利益的考虑，村公司自身也会努力延续关系连接（这在第四章城中村的经济生活已有讨论）。

小结：在居委会和村公司两者的社区治理下，居委会的社区治理很多时候未能达到有效状态，一方面很难越过村公司而与村民发生实质性关系，另一方面又很难越过村民来整合外来人口，基于居委会职能下的社区整合并没有发生。而村公司，即使是作为单一经济形态的社区组织，其治理能力却仍然发挥作用，村民的生产和生活秩序还是在村公司的控制下呈现有序的状态。

第六章　规则、资源与秩序

H村的社区体制改革沿着这样的脉络前进：从村委会（党支部）的“议政合一”“政经合一”的旧体制向以“撤村改制”理念构建的居委会管理体制过渡。从前文中关于H村社区经济生活、权力精英和社区管理的论述中可以看出，城中村有一个十分清晰的受制于社区从村集体经济手中提取资源这一宏观背景的社区治理逻辑。随着城市化和市场化的发展，城中村治理的内核越来越注重控制和分配社区资源、调整利益关系。在这一格局下，来自基层政府的组织和意识形态的控制越来越力不从心。为此，权力内核呈现向社区经济资源掌握者倾斜的趋势，并且随着社区集体经济发展而扩大。其带来的直接后果就是城中村社区治理的二元性。

第一节　有关规则的问题

“社会规范是指约束和指导人的思想行为的各种规则和准则的总和。（袁亚愚，1999）”社会规范是一个体系，这个体系包括约定俗成的风俗习惯和道德观念，如社会团体、企事业单位制定的规章、纪律，以及政府或国家颁发的政策、法规和法律等。社会规范体系在不同的社会形态，同一社会形态的不同国家或民族，同一国家或民族的不同历史时期发挥的作用各不相同。一般来说，在农村约定俗成的社会规范发挥的作用大、时间长，而制定出来的规范深入社会生活的速度慢，执行起来也比较困难。

那么，现在就有必要对城中村社区原有的社区规范进行考察。

一、村规民约和村民自治章程

关于村规民约的定义，有学者认为：“村规民约是农村村民开展自治活动、依照国家法律、通过民主方式制定的各种层次类定的规章制度的总体。”

(王振海,2001)有学者称村级规约为村规民约,并将其定义为"依照法治精神,适应村级治理要求,由共居同一村的村民在生产、生活中根据习俗和现实共同制订、共信共行的自我约束规范的总和。"(张广修,2002)

实际上,村规民约有两个重心。其一,群定。村民大会、村民委员会和村民代表会议都可以作为村级规约的制定主体,但它们所代表的村民意志的程度是不同的。村民大会的代表性最为广泛,其次是村民代表会议,最后是村民委员会。制定主体本身的代表性决定了村级规约所体现出来的民主范围及程度。其二,强制约束。村规民约几乎涉及所有与村民公共生活有直接关联的事务,大多对土地、责任田耕种和管理、房宅基地划分、计划生育、征兵、治安、民事调解、婚丧嫁娶、精神文明建设等有详细的规定。这些规定除去参照国家法规外,具体规定大多带有乡土特色,依照本村村情而定,这些非正式规则和乡土理念在农村群众中间仍然具有很强的影响力和约束力。

但是需要指出的是,村规民约的强制性并非来自它本身准则的社会共识,而是来自它之外的行政权力的辐射。村规民约的制定,虽然有三个层次的制定主体,但是由于村规民约的起草在村级干部群体中完成。因此,这种群定的内涵是较少的,而且具有相当明显的维护治安性质。另外,相对于国家法律,村规民约具有特定的治理原则及管辖范围。虽然在内容上它越来越深地受到国家法律的影响。

这样看来,当代村规民约的种种性质,看起来并不完全等同于"集结在一定的规范下,愿意遵守该规范的人们所构成的一种集体或组织",因为它没有创造出水平或对等结合的秩序(滋贺秀三,1998),村规民约更深层次的特征在于"权定",而非"群定"。

与村规民约相类似的则是村民自治章程。H村村民自治章程正式出台于2000年,其内容非常的广泛,是一个综合性和规范性都很强的权威性经典,涵盖了从村民组织的产生到村民的权利与义务,从村庄经济的管理到村庄秩序的规约,从国家政令、任务的完成到村风民俗的倡导等多方面的内容。

但是需要指出的是,名为自治章程,却并不是村民自身拟定的。原H村村委会主任告诉笔者,村民自治章程是由地方政府,也就是原来隶属的东圃镇镇政府下发的一个文本,章程的宏观法律基础是宪法和村民委员会组织法中的相关规定,其微观基础是地方民政局制定的一整套有关村民自治的运作规范。

村民自治章程并非产生于村庄的内部,而是市民政局在村民自治示范活动中统一制定,是自上而下引入的。基本上各村的自治章程都是一套文本,甚至内容、行文都是差不多的。实际上,村民自治章程更多地体现了地方政府对村民自治的目标设计和政策追求。

以上关于村规民约和村民自治章程的介绍，拟在阐明“乡政村治”时代城中村的社区规则情况。那么，在实施了撤村改制后，城市性话语方式进入城中村场域，遵循的是怎样的社区规则呢？

二、关于规则的划分

（一）折晓叶关于规则的划分

社区规则体系的内容归为三种类型：第一类即“制度背景”是外生变量，是一系列确定村庄经济活动和社会生活大前提的、由国家或地方制定的基本的政治、经济、社会和法律制度。它在村庄的深入，反映出大传统在村庄实践的进程。第二类是“非制度安排”，是社区的内生变量，是在社区内长时间通行的，包括承诺、信用、约定、惯例、关系网络、意识形态等在内的一系列非正式的但具有制度性作用的规范。它是村庄群定的规则。它在村庄中得以通行反映出的则恰恰是社区小传统的实践进程。第三类是制度安排的情形最为复杂。它是上述内外生制度在村庄层面的融合。它们共同构成村民日常生活实践最基本的内容，也表现为这些实践活动最基本的特征，正是大小传统在村庄层次上的融入磨合（折晓叶，2002）。从折晓叶关于规则的分类来看，前面所谈到的村规民约和村民自治章程就可以有明确的定位，即它们是“制度背景”和“非制度安排”交互作用的产物。

如果说以上关于社区规则体系的划分是静态的，那么具体到社会转型，尤其是制度变迁的时候，这些规则发生了这样一种情形：原有的规则被证明不再适用于新的实践活动，新的活动方式和规则被证明是有效的，新的行动方式就会不断地被安排和重复，从而在既定规则之外建立起一套社区成员认为是合理但并不合“法”的行动规则。其中一部分被淘汰，而另一部分被无数次地重复，以修正原有的规则，发生制度化和再制度化的过程（折晓叶，2002）。

那么，具体到本研究中的城中村，在实施撤村改制后的社区治理过程中，社区居委会由于其行政色彩浓厚而缺乏自治性。它给城中村带来的规则一定程度上可以说代表了“制度背景”方面的变量，它有没有带来新的活动方式和规则？原来村委会时代的规则还是否有效？

（二）来自吉登斯的启示

撤村改制给城中村带来了政治和经济双重转型。它虽然由外部导入社区，但是它是在社区内发生。因此，如果对规则的分析采用传统-现代的二分法，显然过于简单（景天魁，1996；李培林、王春光，1993），而且容易忽略社会转型中最真实的内容。

从社会学意义上来理解规则，规则具有实践属性和社会属性，也可以这样说，规则是行动的程序，是实践的特征，它用语言表述了人们大致会去做哪些事情（吉登斯，1998）。

我们不妨将社会生活中的规则看作是在社会实践的实施及再生产活动中运用的技术或可加以一般化的程序。所以说，那些以法律条令、科层规章、游戏规则等言辞表述形式出现的形式化规则并不是规则本身，而只是对规则的法规化解释。我们不应把它们看作一般规则的范例，而应视其为形式化规则的特定类型。凭借它们外在的表述形式，负载着各种不同的特定性质（Ludwig，1972）。

对社会研究来说最重要的那些规则类型，是与制度化实践的再生产紧紧交织在一起的。而所谓制度化实践，就是在时空之中最深入的积淀下来的那些实践活动（吉登斯，1998）。从以上这两段话中，可以引发出我们对规则的进一步理解。

所谓“城中村治理规则”，在本质上是基于资源占有基础上的互动过程中以建立社区秩序为目的而形成的行为规范。它的形成是以基层政府与社区集体经济组织相互磨合的过程。

本研究认为，城中村社区存在着两种性质的治理规则：一种是来自制度层面的城市性话语规则，其规则体现者是基层政府；另一种是来自实践层面的城中村话语体系，村民的代表者村公司的行为方式体现着这种规则的实践过程。

我们从前几章关于社区经济生活、权力精英和社区管理中关于居委会和村公司的讨论中，可以很明显地发现，来自前者的话语方式在城中村范围内显示出“无序”或者“有限主导”的特征，而后者则体现出在城中村的优势地位。联系到吉登斯所说的“表意性或曰意义构成型规则”和“规范约束型规则”①，那么我们可以对规则的来源进行归类，从宽泛的意义上说，来自地方政府的治理规则在城中村场域中处于“表意性”地位，而来自城中村本土的治理规则（以村公司为代理）则处于“规范性”地位。

第二节　规则与资源

吉登斯在论述结构化理论时，认为结构不仅指社会系统生产和再生产中包含的规则，还指其中包含的资源。结构最重要的特性就是制度中反复采用的规则与资源（吉登斯，1998）。

---

① 所谓规范性规则，没有明文规定，但具有实际效用，大家都遵守的法则。所谓表意性规则，顾名思义，更多的是象征意义，并不具有实际作用。

通过表意过程和合法化过程集中起来的资源具备社会系统的结构化特性。它以互动过程中具有认知能力的行动者作为基础，并由这些行动者不断地再生产出来。权力与局部利益的实现并不具有本质上的联系。权力的运用并不是某些特定行为类型的特征，而是所有行动的普遍特性。权力本身并不是一种资源。资源是权力得以实施的媒介，是社会再生产通过具体行为得以实现的常规要素（吉登斯，1998）。

从这番话中可以看出，不能脱离资源来谈规则。规则有一点显著的特性，就是发生在具体情境下的日常接触中的规则是与实践紧密交织在一起的（吉登斯，1998）。

资源依赖理论认为，没有组织是能够自给自足的，都必须与所在的环境进行要素交换才得以生存。环境给组织提供关键性的资源，组织对环境的依赖程度取决于资源的稀缺性和重要性，进而使得权力成为显像，同时依赖是权力的对应面。资源依附理论更侧重对组织间权力关系的研究。在这里，我们也可以从组织内部来理解组织权力。

那么，现在就有必要对城中村社区中的两大组织——居委会和村公司各自所占有的资源进行分类（参见表 6 - 1）。

表 6 - 1　城中村社区组织资源分类

资源	居委会	村公司
组织自身资源	组织资源	遗留下来的组织资源
	政治资源	遗留下来的政治资源
	经济资源匮乏，主要依靠上级拨款	经济资源丰富

城中村居委会的组织设置在相当程度上是由国家宏观体制决定的，居委会的基本机构和运行方式都是基于国家目标及宏观组织体制，也是改革前组织体系的延续，并不是由城中村社区自主决定的。国家意志和制度仍在相当程度上主导着城中村居委会组织的基本设置和运作。因此，城中村社区虽然设置了居民委员会，但它的定位只是停留在街道代理人身份上，其角色定位并没有完成转型，居委会自治的原则规范尚未在社区扩散并实际运行。可以说，居委会虽然占有制度性资源，但是只是停留在街道办事处赋予的组织资源和制度资源层面，且城中村治理中并没有发挥有效的作用。

相反，对城中村村公司来说，除了拥有本土性经济资源之外，它还延续了村委会时期的组织和政治资源。这一点可以从村公司内部设立的职能部门看出。更为关键的是，村公司通过对社区经济的控制，不断巩固着社区内聚结构，凭借着经济吸引力，一定程度上阻挡了居委会治理规则在城中村扩散，反而将村民共同体纳入自身的管辖规则。并且，村公司延续村委会 3 年一次选举的这一做法，建立了村公司对社区权力的确认和授权关系，从而保证了村公司和村民利益的紧密结合。尽管选举在一定程度上给村公司带来了挑战和竞争，但是这些动力都受限于个体（或家庭、家族）利益争夺的目标，不会触及村公司社区治理规则的根本。

吉登斯在其结构性理论中，曾经将构成支配结构的资源区分为配置性资源和权威性资源。所谓配置性资源（Allocative resources）即权力生成过程中所需要的物质资源，包括自然环境与人工物质产品，来源于人对自然的支配。权威性资源（Authoritative resources）即权力生成过程中所需要的非物质资源，来源于驾驭人的活动的能力，是某些行动者相对其他行动者占据支配地位的结果（吉登斯，1998）。在考察社会关系的时候，需要同时考虑到横向的组合向度和纵向的聚合向度：前者即社会关系在时空里的模式化，它包含了处于具体情境中的实践的再生产；后者则是指不断重复体现在这种再生产中的某种结构化范式的虚拟秩序（吉登斯，1998）。

在此，从吉登斯“配置性资源和权威性资源”这两个概念得到启发，引发笔者对城中村资源与权力的产生、支配效应和由此带来的社区治理效果的探讨。

作为国家意志在基层社区的代表——社区居民委员会，它的权力来源并非出于社区内部，虽然制度设计上应当是由具有村籍的村民通过选举而产生，但是实际上这种选举流于形式，村民群体对居委会并无实质意义上的认同，居委会的支配效应只是停留在高流动率的外来人口群体身上。同时，居委会的社区治理效果由于其职能的弱化和受限，往往呈现出无序状态。从这个意义上可以说，居民委员会组织处于“配置性”资源的地位。

村公司，由于其仍然保留了村委会时期的组织资源和政治资源，同时还占有丰富的社区经济资源，其权力的产生延续于村委会时期的选举制度。这一选举为经济效应所刺激，在城中村社区范围内具有高认同性，即使选举过程中存在种种权力争夺等现象，也丝毫不影响其在城中村中的实质权威地位。就村公司的治理而言，前文中已经对其庇护型的治理方式进行过讨论。从某种程度上可以说，在城中村社区中，出自村公司的治理发挥着实际性的效应。在这个意义上，我们认为村公司处于“权威性”资源地位。

无论是城中村经济生活、权力精英，还是涉及社区管理，来自居委会和村公司两者的治理内容和治理规则都呈现出了差异性。很多时候，居委会的治理规则体现出了表意性的特征，而来自社区本土权威性资源的治理规则发挥着实际规范性作用（参见图 6－1）。

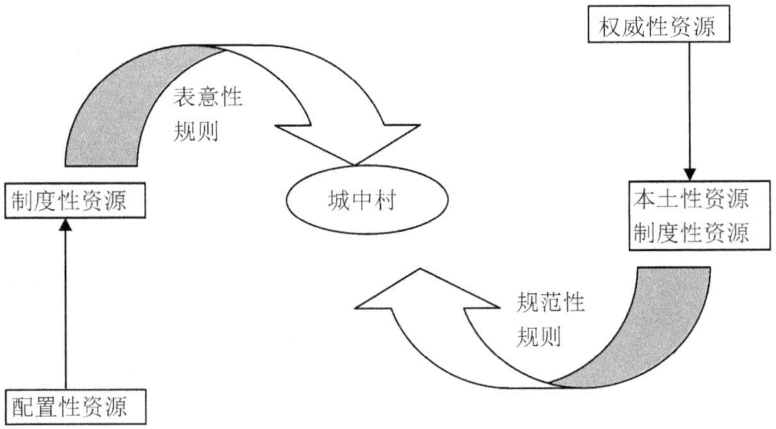

图 6－1　城中村的资源和规则

折晓叶和陈婴婴借助日本学者鹤见和子的内源性发展理论，运用到“超级村庄”上，认为内源性发展主要指发展动力的内源性、发展模式的多样性与发展过程的相互独立性，并且特别注重社区内部传统与外来要素相互统合与相互接纳的过程与原因。在他们看来，堪称典范意义上的非农化再组织村庄——超级村庄就本质而言是一种内源性的发展（折晓叶、陈婴婴，2000）。

从折晓叶和陈婴婴的论述中可以看出，基于社区内在的资源对社区发展具有重要作用。那么折射到城中村场域中来，村公司所占有的本土性资源体现为以土地为依托所形成的社区租赁经济以及以庇护型关系构建出来的社区关系连接。

第三节　权力空间及权力让渡

权力和依赖是“硬币”的两面。要增加对稀缺资源的控制，要么减少对他人的依赖，要么增强对外界的影响力（权力）。那么，现在就需要对城中村的权力进行进一步的分析。

一、权力与秩序

所谓权力，是指由于拥有某种资源而产生的支配、控制和影响能力。由于权力存在于广泛的社会领域中，因此又可以分为不同种类。拥有合法的暴力资源而产生的权力是政治权力，拥有生产生活资源而产生的权力是经济权力，拥有特殊的社会地位和身份资源而产生的权力是社会权力，拥有生产和传统思想价值观念而产生的权力是文化权力。其中，政治权力又居于特殊地位:一是在于政治权力是唯一拥有合法暴力的权力,这种权力具有不可抗拒的强制性;二是在于政治权力是一种公共性权力,对国家成员具有普遍意义,即所有国民都要受其支配、控制和影响;三是在于政治权力依托专门的组织化机构和制度化规则(如国家机器和法律)支配、控制和影响社会成员,是一般社会组织和成员难以抗衡的。

从政治学一般学理来说,权力就是以资源占有为基础的、以合法的强制为凭借、以一定的制度为规范的社会支配能力;权力资源是权力主体影响权力客体行为的资本或手段。财富、职位、声望、威胁都可以成为权力的资源,尽管权力资源不等于权力,但缺乏资源意味着权力支配能力的弱化(罗伯特,1987)。权力结构则是指权力资源的分配模式、权力合法性的来源渠道、权力运行的制度规范、支配力的强弱对比等结构性要素的有机组织(郭正林,1999)。

"城中村权力"是一种基于对城中村资源的占有而具有的对社区事务支配、管理及强制的能力。它体现为居委会和村公司两者对社区居民之间的命令-服从关系。在城中村中,对权力资源的占有是不均衡的,虽然居委会占据了来自地方政府提供的制度性资源,但是村公司依据社区本土性资源,尤其是其集体经济的实力,处于社区资源占有的主导性地位。这种资源配置上的差别在相当程度上决定了城中村社会的关系结构和秩序状态。

城中村治理包含了两个层面的内容:一个是制度安排上的治理,其视角是自上而下的,表现为居委会的行政色彩浓厚和自治性缺失;另一个是社区实践中的治理,这同时也是个动态的过程。在这个过程中,参与社区治理的组织,即居委会和村公司两者结成了互动合作性的权力关系。虽然它们各自的管理和服务取向不同,但是都试图通过治理过程加以实现。这种视角是微观的,着重描述的是社区内规则体系及运作方式。

因此,城中村社区治理的实践基本上是沿着自上而下的行政建设和自下而上的(部分)自治建设同时推进的。两者构成了整个社区建设与治理过程中的两大不可或缺的结构性力量,体现出城中村治理模式的特征,即"双轨政治"。

所谓"城中村治理模式",一方面体现为地方政府向基层社区贯彻国家力量的尝试和努力,但是这种制度安排并不能提供足够的公共产品和社区内的有效整合,其治理规则趋于表意性。另一方面,村公司由于先天的集体经济属性,它对社区既负有不可推卸的责任和义务,又有经济实现层面的需要,并基于经济实体单位的权限在社区中有扩大的趋势,对城中村事务管理具有规范性规则效应。在村公司和居委会两种组织的社区治理实践下,城中村社区治理表现出"双轨性"特征。可以说,城中村"双轨政治"治理模式是城中村社会在"撤村改制"这一制度转型背景下的一种产物,是农村基层社区在市场化和城市化双重逻辑下的产物。

二、城中村“治理权力空间”

（一）权力空间的提出

仝志辉在2002年提出“二重化村落空间”的概念，将它定义为不同性质权力关系交锋、共存的村庄场域。空间是指权力运行的空间，由制度和文化构成。他认为只要构成权力运行基础的制度和文化因素不退场，各种权力的运行空间就存在，不同空间的交融和碰撞就在所难免（仝志辉，2002）。

朱健刚质疑国家与社会的分野在中国社会的实体存在，“与其说是国家与社会的两个独立实体的分野，不如说在政府与家庭之间有一个公的领域，或者说社会空间。从而构成政府-社会空间-家庭的三层图式。”“与国家-公共领域-市民社会的图式不同的是，这里政府与公共空间的权力趋向是一致的，都关注于治理民众；在这一空间中可能并不存在像西方资本主义过程中那样的公共空间与私人空间的分离，而是在国家建设过程中，国家权力本身被包含在社会空间之中，以获取合法性支持。”（朱健刚，1997、1999）

本研究的城中村权力空间从以上两种观点中受到启发，所谓“城中村治理权力空间”，简单地说，就是城中村社区治理权在社区组织之间的分配体系。社区治理场域中社区组织之间的互动，往往表现为合作，进而带来了社区组织在城中村权力空间中的地位和作用的改变，导致城中村社区特有的“双轨政治”。

城中村社区权力空间是社区权力配置与运作过程中形成的相对稳定的结构形态。它反映了社区权力分配状况，实际上这种权力空间同时也反映了治理特有的治理格局。对于村域权力空间，我们至少可以对社区两大组织间关系进行考察。

城中村的“双轨政治”治理模式，意味着基层社区的两大组织之间有着不同程度的相互依存关系。而作为这种关系的参与者，每个组织在实际运作中总会感到自身既定的功能是非自足的，因而在独自解决具体问题时也会感到自有资源的不足，就连村公司也不例外。

资源依赖理论的核心假设是没有任何一个组织是自给自足的，所有组织都必须为了生存而与其环境进行交换以满足获取资源的需求，也因此产生了组织对外部环境的依赖，其主要观点包括两个方面：一是组织间的资源依赖产生了其他组织对特定组织的外部控制，并影响了组织内部的权力安排；二是外部限制和内部的权力构造构成了组织行为的条件，并产生了组织为了摆脱外部依赖，维持组织自治的行为。

施密特在论述法团主义时，认为“这个利益代表系统由一些组织化的功能单位构成，它们被组合进一个有明确责任（义务）的、数量限定的、非竞争性的、有层级秩序的、功能分化的结构安排之中。它得到国家的认可(如果不是由国家建立的话),并被授权给予本领域内的绝对代表地位。作为交换,它们在需求表达、领袖选择、组织支持等方面,受到国家的相对控制"(张静,2005)。

戴慕珍提出了"地方政府法团主义"的理论。在她看来,20世纪80年代以后的中国乡镇企业崛起的主要动力并不是中央政府,而是地方及基层政府。在各地的乡镇企业发展中,地方及基层政府不仅提供行政服务和参与投资决策,而是与乡镇企业一起承担风险并分享企业的收益。地方及基层政府与本地区的企业形成一种相互依赖、相互合作的利益共同体,或称合作体。邱泽奇也认为乡镇政府与乡镇企业之间的互动是一个威权主义的模式,即乡镇政府控制着企业成长和发展所必需的资源,并通过对资源的配置控制企业的生产和经营活动。在两者之间,企业所具有的、能够用来与政府进行讨价还价的资本非常有限,政府和企业之间是直接的领导与被领导关系。所以,与在地位平等基础上进行磋商并最终达成合作协议的法团主义并无关系(邱泽奇,1998)。可见,法团主义关注的是一个利益共生性关系。

虽然城中村的村公司并不是一般意义上的乡镇企业,但是以上关于法团主义、威权主义的分析,对于认识村集体经济的生成和发展提供了理论上的支持和启示。因为村公司在发展之初,就是"两套班子、一组人马",村委会同时运营着村集体经济,村委会主任兼任村集体经济代理人的角色。而撤村改制的事实,则割断了基层政府与村庄的行政指令性关系,意味着在放松村庄行政控制的同时,也不再负有为其承担经济风险的责任。而对于村庄来说,相对于失去国家计划为其承担经济风险的保证来说,摆脱大社会行政体系的控制,以一种单一的角色出现在社区中,这为它们带来新的更大的发展机遇和经济利益。虽然村公司的发展失去了政府背景,但是其占有着大量的社区资源,这一点前文中资源和权力关系问题一部分中已经论述过。

来自资源依赖理论和法团主义的另一个启示是,城中村社区治理是按照资源的配置为准则相互分担社区治理职责。

从居委会和村公司的互动来看,双方都是尽可能地利用自身的权力资源和影响能力向社区施加影响,并在相互影响中作出相应的行为调适,从而形成一定的关系结构状态。在城中村社区,社区居委会与村公司构成了形式上无涉、本质上协作的合作关系:前者是形式上的社区自治组织,后者是社区公共事务及经济事务实际上的操作者。实际上,村民在日常生活中需要解决具体问题时,他们寻求的职能部门是村公司,村公司内部的计生、治安、联防、出租屋管理、环卫等部门拥有的资源成为其履行职能的基础和前提。其他非村民群体,具体来说就是广州市市民和大量的外来人口,当他们面临具体问题需要解决时,寻求的部门则是居委会。但是需要说明的是,这种寻求目前仍然停留在“办证”的层面。

可见,居委会和村公司的关系不再受制于其制度性职能,而更取决于自身的治理能力。对于村公司来说,这种治理能力主要表现在三个方面:一是经济上的自立。随着土地的增值,村集体经济已经融入了城市化和市场化的浪潮中,主要表现在城中村级集体经济发展水平及为村民提供的公共产品和股份分红的多少。二是体制上的自立。村公司已经脱离了基层政权的行政管辖,成为一个经济实体单位,遵循经济法和公司法。三是社区性惠顾。这主要体现为村公司对社区事务的职能部门的设置承担其成本,负责了城中村大量的社区事务。这三个方面的自立能力在相当程度上决定着城中村权力空间对村公司的需求和依赖程度,进而影响甚至决定其在权力空间的地位和权能。

三、权力“让渡”

鲍勃·杰普索认为,国家机器与权力是一个关系取向的概念,它们本身并没有一定的特质。政治系统与经济系统、社会系统之间必须实现结构性的对应。到那时这种结构性的对应并不是结构本身的对应,而是行动者通过行动或中介来达成的,这就是所谓的“策略性的协调”(Bob,1990):国家可以通过行动和策略而实现与经济、社会体系的策略性协调,当面临新的治理对象和环境时,如果仍然操守传统的理念和策略,将导致治理与国家控制的表面化。

迈克尔·曼用“有机性”(迈克尔,2002)来概括现代国家的特征,这与吉登斯关于现代国家的“反思性”监控有暗含之处。在当代中国国家的模式转型中,意识形态并非唯一内容,国家的“有机性”同样是重要的转型因素,即国家如何突破空间壁垒,在组织形态和运作机制等方面,同重信誉市场化社会的机理相协调。如在空间关系上,从直接通知向“有距离的治理”转变;在运作机制上,从组织扩散与组织覆盖向“交织-渗透”模式转变;在治理资源上,由资源掌控向资源动员转变。

从以上两人的观点来看,国家力量贯彻到基层社区时,都发生了一个策略性的转变。城中村的社区建设,不能仅隶属城市小区建设整体思维框架下,更多的是在地方政府基层社区管理窘境的背景下发生,政府的主要目的是寻求基层社区新的管理体制和组织体系,以保证社会政治稳定。但是由于基层政府在城中村中缺乏资源依赖,在社区管理上只能体现出有限主导地位,因此基于城中村二元秩序的现状,这时就需要地方政府出台一个城中村治理思路。

所谓“合作主义”(corporatism)①,是指“一个利益代表系统,是一个特指的观念、模式或制度安排类型。它的作用,是将公民社会中的组织化利益联合到国家的决策结构中”(Pilippe,1979)。其理论要点包括:(1)有国家参与,社会参与则以功能团体的形式出现,它们互相承认对方的合法性资格和权利;(2)它的中心任务是将社会利益组织、集中和传达到国家决策体制中去,因而它代表着国家——社会的一种结构(制度化)联系;(3)功能团体间是非竞争的关系,其数量是限定的,对相关的公共事务有建议、咨询责任;(4)体系内的组织以层级秩序排列,功能团体在自己的领域内享有垄断性的代表地位;(5)作为交换,对功能团体的领袖选举、利益诉求和组织支持等事项,国家应有一定程度的掌握。“这个利益代表系统由一些组织化的功能单位构成,它们被组合进一个有明确责任(义务)的、数量限定的、非竞争性的、有层级秩序的、功能分化的结构安排之中。它得到国家的认可(如果不是由国家建立的话),被授权给予本领域内的绝对代表地位。作为交换,它们的需求表达、领袖选择、组织支持等方面受到国家的一定控制”。(Pilippe,1979)可以看出,合作主义是一种对国家和社会间常规性互动关系的理论概括。

徐勇将合作主义观点运用到中国社区实际中,他认为政府和社会之间是一种“竞争-合作”关系。所谓“竞争”,是指面对日益复杂的公共事务和丰富多样的社会需要,政府应该从那些管不了也管不好的领域退出,公共权力资源的配置适当向非政府组织转移。所谓“合作”,是相对冲突而言的,在政府权威和社会自治团体分享治理过程中公共权力时,必须重视相互之间的合作。国家让渡部分权力于社会,并不是要其取代政府权威,而是为了更好的治理社会。事实上,社会自治团体也不可能替代政府权威,尤其是在面临许多紧迫挑战的现阶段中国更是如此。就当今治理转型的目标模式而言,善治的实质就是“政府与公民对公共生活的合作管理,是政治国家与公民社会的一种新颖关系”(徐勇,2003)。

根据以上理论设想,对当今中国城中村而言,虽然撤村改制的实施使村落纳入城市范畴,但是地方政府无法切实地做到城市化待遇的供给,更为重要的是乡村社区内的集体经济作为一个具有历史延续性和经济强化性、身份归属性的内聚力综合组织体系,由于其经济形态的单一化和地域色彩,在相当一段时期内具有稳定性。由于居委会是科层结构的行政组织,村公司是社区范围内的经济实体,它们在各自的工作中分别遵循的是等级科层制的原则和营利及社区发展的原则,它们分属不同范畴的体系,居委会和村公

① “合作主义”理论最初产生于19世纪的欧洲,其思想渊源始于欧洲天主教义和民族主义两种哲学的综合。前者强调社会的和谐统一,后者强调个体对民族利益的服从和牺牲,从而使社会结为一体。这些原则联系起来形成了合作思想的传统主题:提倡和谐、一致的社会秩序。

司在共同处理一些具体问题时都碰到了如何协调的问题。

一方是以社区居委会为代表的政府行政力量，一方是集村民自治和经济代理双重角色的村公司。两者在进行社区管理时，前者要想得到村公司的帮助、居民的认可，则必须“让渡”部分社区管理权，留出部分空间，更明确地说就是对城中村社区事务的管理和对城中村非正式经济的管理这两个部分。

反过来说，村公司作为一种集体经济形态，不管是出于政府支持的需要，还是出于管理成本、社区建设能力不足等多方面的考虑，也会“让渡”出部分社区空间给社区居委会，更明确地说是外来人口的事务管理。虽然外来人口的治理还需村公司的协助才得以实现，但是这已经不是其管理的重点，只是在涉及自身利益时附带性的需要。

这实际上是一种资源交换的过程。在这个意义上，城中村权力可以作为政府组织对其他组织所掌握的（城中村社区）资源依赖的一种函数来审视。可以说，这实际上是一个外部介入、内部需要的资源交换关系。基于对社区资源的控制和掌握，居委会和村公司呈现出正式或非正式的联盟，不同于扎尔德所论述的市场领域中的横向或纵向联盟，城中村社区领域的联盟体现为居委会和村公司在日常社区事务上的“互动”，体现为某种程度上的权力“平衡”，实际上是一种建立在资源占有基础上的交换，居委会以社区服务、社区文化为工作中心就体现了这种交换。

正是从这里，笔者发现了城中村社区组织之间存在一种权力协作和让渡的关系。这种关系虽然没有固定的模式，其运作规则却具有很强的模式化和特殊性特征。其对各自的职能划分并不是偶然形成的，而是村公司和居委会在社区规则共同认知的基础上形成的，双方都默认且执行这种规则，因而使基层社区的社会权力空间在构造上更趋于复杂化。实际上，这种权力空间的让渡，从更深层次上体现了治理的真实内涵（参见图 6－2）。

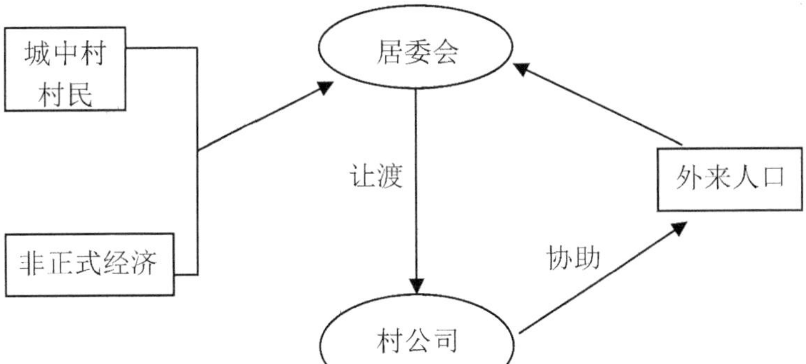

图 6－2　城中村权力让渡示意

四、权力空间的讨论

改制前的城中村社区,国家实施的是“乡政村治”的治理模式。这种空间战略将复杂多层、空间与时间效应相互交错的乡村,变成地方政府下属的一个村级单位。国家通过同一及统一的村级设置、信息传递模式等实现对乡村控制和治理的目标。在这个层面,政府和学界更为关心的是这些作为村级单位中的个人,明确地说是乡村中的政治人物,他们在面临国家资源提取和村落内部运行矛盾时所采取的解决方式。改制后,村落空间被转换为城市一隅,这里政治人的微观行动已经不再是重心,国家权力如何有效地溶解到社区基层才是政府最为关心的问题。

从西欧的经验中我们发现,资本主义的经济生产空间,在本质上符合国家的控制目标,因而被转换为国家控制的行政空间。这种内部绥靖的机制(彭勃,2006)使现代国家在广阔复杂的社会空间中,避免处处依赖机械性的国家强制力,国家的暴力工具也开始成为次要的治理手段(吉登斯,1998)。

那么,将此观点投放到城中村场域,也就是说,如果地方政府希望实现对城中村充分且直接的控制,就必须将国家的权力溶解和渗透在社区机理之中。在一定程度上,这是一种国家权力的“城中村化”。

从城中村权力空间中看,当前地方政府的努力目标是重新回到社会,占领社会空间的领导地位,国家在弘扬社区之社会属性的同时,也希望将国家的影响力渗透进来。在此过程中,国家的目的和策略又是多重的,甚至部分是相悖的。一方面,国这要加强政治控制和社会管理,保障政体和社会的稳定,改善公共服务的质量,提高服务体系的反应速度,增强政权的合法性,提高居委会在城中村范围内的资源动员和整合能力,改善基层组织的困境现状。另一方面,国家又想强化社区的社会空间属性,推动城市空间中公民社会的发育。相比与地方政府的目标追求,城中村村公司的发展目标要简单得多,加强城中村的土地收益,满足村民的股份分红需求,维持并稳定实现这个发展目标所需的秩序。

但是,城中村治理的权力空间也暗含着一个困境:村公司和居委会这两大社区组织,它们之间的互动,权力空间中的让渡关系,“在一定程度上是协商的结果,它们就像是一种和解和让步,而且不能够被还原为仅仅是相关利益群体的某一方的愿望、目标抑或规划。假如在某一时刻,它们事实上与参与者的决策相契合,那么一旦这些规则被制度化,它们就会呈现出其自身的生命形态,变成了制约所有相关群体的力量”(费埃德伯格,2005)。

具体来说,城中村居委会为了获得社区合法性,以社区建设和社区服务为纽带,且第一服务对象是村民群体,这种路径依赖虽然在一定程度上起到了社区整合的作用,但是却停留在表层。反过来,村公司为了满足其社区发展的目标，其社区治理成本随着外来人口的增多而年年上升。这样导致的结果就是基层政权离社区的真实距离越来越远，村公司的负担越来越重。

小结：城中村治理体制同全国农村地区一样，经历了“政社合一”“政经合一”的时代，它的特殊在于“撤村改制”，其原有的“乡政村治”的治理模式已经不再适合现有的城中村。而新介入的制度安排，城市居民自治的规则也未能完全对应城中村。地方政府既要承认城中村（包括村民和村公司）的既得利益，又要放弃部分社区管理权（具体来说就是“村民群体”和“城中村非正式经济”两大块）。而对村公司来说，也需要作出部分让步，治理范围同样也不单纯限于村民群体范围内，它需要完成地方政府和城中村中其他居民之间的连接，以及与居委会达成协作关系。也就是说，原本制度设计上的治理模式都作出了相应的调整，村公司和居委会都参与到城中村治理中，共同营造了“城中村治理权力空间”，其治理模式的特征在于“双轨政治”。

第七章　结论与讨论

"城中村"社区是一个客观存在的、自然的、社会的和经济的综合有机体。政府对"城中村"社区的有效治理,是一项庞大的综合性社会治理工程,是一个长期的复杂的、艰巨的过程。

本研究的基本结论是:转型期中国乡村社会的变迁过程,是在制度变迁的背景下,国家主导乡村社会的政治变迁过程。但是,因为地域的关系而呈现出区域性特征,城中村社会的社会转型尤为特殊。制度变迁虽然撤销了村委会的设置,形式上结束了农村社区建制,从地理位置、行政关系、管理方式、居民生活等方面都纳入了城市的范畴,但是在城中村中并没有建立起城市性的话语方式,城中村并没有真正意义上融入城市社会。

在这一制度变迁过程中,无论是从城中村的经济生活,城中村的权力精英和权力认同角度,还是从城中村社区事务管理的角度来说,居委会在城中村社区治理中的主导作用都是有限的,其治理规则呈现出表意性;而村公司在城中村场域与村民、社区经济之间建立了"庇护性"关系形态,基于村公司的治理呈现出"庇护性"特征。

居委会和村公司社区在治理规则体系上的差别,根源在于所占有的社区资源的差异。正是基于资源占有和占有类比的不同,居委会和村公司在社区治理模式中体现出"双轨政治"特征:居委会为了获得社区认同和社区事务管理的实现,采取了一种策略性的转变,让渡出部分社区管理权给村公司;而村公司出于集体经济属性和经济实现的要求,自身也有与居委会合作、实现社区治理的需求。它们共同构建了社区治理格局,即"城中村治理权力空间"。

通过对H村(JX社区)的研究,我们对城中村社区制度变迁的微观逻辑有了以上的基本判断,下面我们可以作进一步的探讨。

第一节 制度变迁背景下的国家政权建设

从国家政权建设的角度看城中村社区治理，会发现城中村社区发展实际上经历了两个阶段：在制度变迁之前，城中村实际上是一个以村委会为中心而形成的整合秩序，特殊之处在于村委会兼顾村集体经济双重角色，且这种经济角色越来越明显和强势；在制度变迁后，城中村的经济角色被剥离出去，成立了专门的村公司，角色趋于单一化，同时地方政府下派了居委会来代替被解体了的村委会，承担社区“形式自治、实则行政”的社区管理权能。从这两个阶段来看，城中村社区国家政权建设路径是：从一个已经成形、有效的治理模式中抽离出去后，再以一种全新的制度安排介入的过程。

但是，对于国家政权建设的内涵来说，“实质性的内容是，它必定还涉及权力本身性质的变化、国家-公共（政府）组织角色的变化，与此相关的各种制度——法律、税收、授权和治理方式的变化、公共权威与公民关系的变化”（张静，2000）。

但是，对城中村国家意志体现者——居委会来说（姑且不论其制度属性上偏离），无论是与村民、外来人口的关系连接，还是治理权限和方式上的有限性，都未能体现出国家政权建设的实际内容。

毛丹在论述乡政府通过村级组织、党支部的控制来实现村委会的管理时，认为“国家不是缩小了农村的控驭范围，而是改变了对村落的控驭方式——至多是在改变经济控驭方式的同时，减少了对乡村社会事务的过多和过于直接的介入”（毛丹，1998）。

而在今日的城中村社区，地方政府的基层治理目标和治理效果有时候是相互违背的：既希望能够充分地掌控城中村社区，制度上设置了居委会；但为了实现有效的社区管理，在内容上让渡出了部分的社区管理权，这又成为社区治理的成本。虽然形式上掌握了社区，但是实质上却缺失了很多内容。也就是说，国家政权建设理念，在城中村社区中实际上是“碰壁”了，或者并没有能真实地贯彻下去。

那么按照这个逻辑，现在就需要对碰壁的原因进行分析，需要对张静所认为的“自主空间”进行考虑，从而笔者发现了城中村社区有一个十分清晰的受制于社区本土性资源这一宏观背景的社区治理逻辑。

一方面是现代的观念和制度在社区范围内某种程度上的“失效”，制度安排处于劣势，甚至是缺乏合法根基；另一方面是集体经济不仅构建了一种特殊的资源动员和整合机制，而且也形成了一种特殊的生存模式。集体经济与之相配套的一整套股份分红、选举制度安排，通过对社区资源的控制和配置，与村民和社区范围内的非正式经济之间建立了一种庇护型的关系，使村民无论是从人身依附、经济依赖还是日常生活都与村公司紧密相关，村民的生活生产方式、人际关系乃至思维方式都受制于村集体，非正式经济的存在依赖于村公司的幕后支持。它们之间形成了某种共生共存的模式。

城中村的社区治理一方面体现为地方政府向基层社区贯彻国家力量的尝试和努力，但是这种制度安排并不能提供足够的公共产品并达到社区内的有效整合，其合法性规则趋于表意性和规范性。另一方面，村公司基于经济实体单位的权限在社区中有扩大的趋势，对城中村事务管理具有规范性规则效应。在村公司和居委会两种组织的社区治理实践下，城中村社区秩序表现出其独有的二元性。可以说，城中村二元秩序是城中村社会在“撤村改制”这一社会转型背景下的一种产物，是农村基层社区在市场化和城市化双重逻辑下的产物。

“国家政权建设”在城中村的碰壁，说明国家力量进入城中村的方式不是刚性结构的，而是充满了某种意义上的“弹性”，在权力让渡的背后，总体上是在谋求一种威权控制（或最终的话语和行动霸权）之下的与村集体（乃至村民）的合作。

第二节　制度变迁的城中村逻辑“错位”

城中村社区治理模式的特征在于“双轨政治”。实际上这里面内含着两个层面的错位：第一，城中村制度逻辑和实践逻辑的错位；第二，城中村治理主体自身的逻辑错位。下面进行具体的分析。

撤村改制的事实，对于地方政府而言，就是要将城中村纳入城市范畴，在城中村中经历城市性管理方式的合法性和权威认同，但是这一制度目标并没能有效地实现。这里首先就有必要对制度变迁进行分析。

一、强制性制度变迁

城中村的制度变迁——“撤村改制”是外在介入的，并非来自社区自身需求。城中村的制度变迁带有强制性、自上而下的供给主导型特征。

H 村的城市化进程，主要体现在以物业租赁经济层面，而非城市性的增长。H 村被纳入城市范围，根本原因是行政区划上的“圈地”，而非来自社区内在发展需求。那么，H 村的制度变迁具有强制性和自上而下特征，依靠行政性手段推动制度变迁主体角色的转换。政府在社区建设中的作用是不可忽视和无法替代的，政府这个主角是以行政力量推动的方式扮演的。依靠行政力量这种非市场化手段推动社区建设进程，这是基层政府制度变迁的预期,但是实际效果却不然,客观上带来的结果是来自地方政府层面的管理失效。

二、制度逻辑和实践逻辑的错位

从城中村的经济生活、政治秩序和社区管理三个章节中,我们可以对居委会和村公司两个组织本身的制度逻辑和实践逻辑进行分类对比。

(一) 社区组织的逻辑错位

城中村居委会名为自治组织,但为各种行政事务所累,具有相当程度的行政化色彩,主要表现为承接街道办事处下达的指令性计划、任务或指标,如计划生育等。对居委会来说,这些计划、任务或指标都是自己的法定职能,必须不折不扣地完成,表现出了很强的行政化倾向。这些需要办理的社区任务"与纯粹村内公共事务和公益事业意义上的'自治'未必有多大关系,而是国家治理中的一个环节"(何海波,2002)。

城中村村公司,在短短数十年间经历了政治共同体向经济共同体的转变,村集体以土地为资本,拥有了雄厚的经济实力,不仅极大地影响着本村村民的日常生活,而且对整个社区政治格局产生影响。它与居委会在社区事务上的客观划分以及公共产品供给方面的错位(黎炳盛,2001)就是最好的证明。H 村实业有限公司名为公司,但一定程度上仍是村民自治组织,这一点与经济组织属性明显不符(参见表 7-1)。

表 7-1　居委会和村公司的制度逻辑和实践逻辑之对比

		制度逻辑	实践逻辑
居委会	发展历程	2002 年成立,由社区居民选举产生	街道办事处下派,社区"形式"选举
	角色定位	自治组织	街道办事处代理人
	权责范围	覆盖整个社区范围	日常社区管理(城管、计生非村籍居民、综治、民政),社区服务及社区活动,非村民的其他社区事务
村公司	发展历程	20 世纪 80 年代初产生 2002 年由村委会转制	转制后,实行选举制
	角色定位	村民代理人	村民代理人
	权责范围	公司体制内	社区管理(城管、治安、联防、物业、计生村民、出租屋、环卫、综治等),村民其他社区事务

同样,在社区事务管理上,居委会在制度设计上应该辐射这个社区的居

民，但实际上却只是限于市民和农民工；而村公司，在制度安排上应当只对公司员工有管理支配权，或者扩大了说，只对村民有管理权限，但是在社区实践中，很多时候客观上对社区内的所有居民都有监管权，村公司内的出租屋协管员就是最好的例证。

（二）制度设计的实践错位

不仅城中村中的居委会和村公司就组织自身而言存在着逻辑错位的现象，就撤村改制的制度设计本身来说，也存在着制度逻辑和实践逻辑的错位。

从制度设计本身来说，一定程度上未充分考虑到城中村社区的现实性和复杂性，地方政府制度设计的预期是要完成两个方面的内容：①村公司角色单一，经济职能独立，回归经济法人组织角色；②居委会承担从村公司剥离出去的政治组织职能，与居民之间形成社区事务委托代理关系。

但是该预期在遭遇了城中村实践后，发生了变异，主要表现为两个方面：①村公司承担了大量的社区管理职能，与村民和城中村内的非正式经济形成庇护性关系，基于村公司的社区治理呈现规范效应；②居委会社区治理职能弱化，居民选举流于形式，权威指向仅限于外来认可，社区事务之涉及外来人口，其社区治理往往表现为无序状态。

可见，无论是城中村居委会及村公司这两个组织本身，还是其社区治理职能方面，其制度逻辑和实践逻辑都发生了“错位”，两种逻辑原则存在落差。从一定程度上可以说，在制度变迁背景下的城中村，国家对基层社会的治理，已经由一种“实效性”控制客观上转为一种表层的“原则性”控制。

（三）对错位现象的讨论

基层社区的治理研究应该是人们理性地考察我国政治体制改革的重要视角之一，面对乡村社区向城市社会转型的制度性变迁，制度设计遭遇了本土规则，进而发生了变异。

城中村的两种逻辑，其根源在于城乡二元体系。在近 20 年的城区急剧扩张之中，城市迅速“包围”乡村，但城市在扩张中对周边乡村社区的统制欲求（国家及地方政府对城市全方位管制）不仅未能实现，反而由于乡村更接近于城市中心（甚至被包围城区之中）而使之增加了经济机会、壮大了自身的力量，造成了“尾大不掉”的局面。地方政府一方面试图采取统一的城市管制方式进入基层社区，另一方面又必须尊重城中村的既得利益而不能强制性地予以剥夺，这使两种逻辑得以并行存在。

制度变迁给城中村带来的制度安排，体现在地方政府对基层政权的管制需求。但是，地方政府自身出于转制成本的考虑，又无法提供城中村所需的公共产品供给。这样，在实际治理过程中，就需要借助社区本土资源，也就是村公司的协助，但作为交换，必须让渡出部分社区管理权，焦点就在于村民管理和非正式经济管理两个方面。由此，也就造就了城中村特有的“双轨政治”的治理局面。

从制度逻辑和实践逻辑的错位中我们可以发现，城中村的治理方式，有着与城市社区、乡村社区不同的特点，有着与中国传统和西方传统完全不同的逻辑，体现出“绝对主义”与“相对主义”的结合。这表现为在某些方面是绝对权力的刚性统治，在另一些方面又存在着某种妥协与退让，如文本规定与实践模式的差异、上级政府的规定与基层执行者的差异、不同行为者个人风格所形成的管理方式和结果的差异等。中国的地域辽阔和各地的千差万别决定了中央只能制定原则性的政策和制度，具体执行则“维持社区所偏好的事务状态”（迈克尔·麦金尼斯，2000），基层社区只有因地制宜、创造性的执行了制度，中央的宏观政策才能取得实际效果。

第三节　城中村中的“国家、社会、市场”及其关系

一、城中村场域中的“国家、社会与市场”

在快速的城市化进程中，城市迅速“包围”乡村，城中村的经济领域自主能力增强，相应的社会领域也获得了有限度的发展（康晓光，1999）。但是，随着国家与社会的界限在不同的历史时期的明显的变化，“原来处于国家范畴之内的实体与关系可能转移到国家的界限之外，而进入社会的范畴；同时，人们也可以发现一种反向的运动，即原来处于社会范畴之内的实体与关系又进入了国家的范畴”（唐士其，1998）。

制度变迁的实施，使本来溶解和渗透村落中的国家权力开始逐步离析出来。更准确地说，城中村村公司不再承担政治任务。这一进程表现为两种后果：在治理机制上，国家的风格和治理方式在逐步市场化的社区运行之间存在一定矛盾；在组织基础上，居委会组织这一制度安排，其职能弱化和被动缺失。以城郊土地收益不断增值为推动力双重加速了城中村社区内国家、社会、市场之间的模糊界限，社区居民委员会更加行政化而自治性内涵弱化，而村公司企业性不足却自治性、社区性不断强化。这一改革既有地方政府对基层政权及其执行效度的期望，也有社区内组织（村公司）对社区事务的责任或义务的承担；既有居委会组织以社区服务、社区活动为纽带对社区事务主导地位的谋求，又赋予了村集体经济实体社区行政管理层面的合法及合理身份。也就是说，对于城中村社区，原有的国家与社会的理论框架的解释力需要进行重新审视，原本应属于“社会”意义上的却被划归到“国家”一方，原本应属于“市场”环节却处于“社会”环节中。

作为国家意志的代理人，政府是制度创新与经济增长动态分析中不可缺少的重要环节，因为这一公共政策选择的程序很大程度上是由政府设定的。“撤村改制”这一政策，旨在改变社区管理归属，反映了地方政府对基层社区的统治欲求，下派居委会及社区经济重组这些具体措施则反映了地方政府的这种制度性安排。但是作为具体而现实的城中村社区而言，则面临一个接受、消化或融合的过程。

传统理论一般都假定政府是无私且万能的：一方面，它以公共利益为目标，是为公众而不是为某些特殊利益集团谋福利；另一方面，它在运用政府力量的过程中，能充分掌握市场信息，及时采取措施，调整企业行为，从而维护市场配置资源的效率。然而，在城中村社区，居民委员会作为国家意志的代言人，其治理效能往往不尽如人意，并不是地方政府不想进行全能治理，而是它无法做到。就户籍居民这一块而言，出于转制成本的限制，地方政府都无法解决其公共产品的供给，更不用说数倍于村民的外来人口了。

而从市场这一块来说，城中村的高地租经济使村集体处于资源优势地位，转制后的身份单一也为其进一步发展节约了成本，但是这只是一种制度上的设计。撤村改制后，村集体对社区事务的治理责任和治理权能并没有因为其角色单一化而消失，相反却是随着经济实力的增加而强化。在这个意义上，在城中村体现出“村集体主导的与地方政府合作”的治理特征。

城中村中的“国家”“社会”“市场”三个环节的关系现状和连接程度则体现了这一制度转型的实践逻辑。政府决策者放弃了部分社区管理权限而让村集体经济单位承担；村集体则突破了经济属性的局限，部分上成为社区居民的代言人。可以说，这两个主体的治理行为都无法用一般收益最大化目标函数来解释。它们为了各自目标的实现，前者出于对基层社区的统治欲求，后者出于社区发展责任和利益实现，其职能“边界”都发生了一定程度上的模糊。

制度变迁的实施实现了控制与塑造社区的制度性任务。城中村作为一个社区类型包含了一些与自治、行政和市场、国家既相符又对立的因素。这种社区空间的核心，在于以权力划分与差异所造成的影响。但这一空间的安排下，自治与行政、国家与市场共存于一个社区范围内。

基层政府和村公司为解决社区治理而结成了一种新的合作协作关系，共同成为制度变迁的初级行动团体，这是相对以往政府单纯地实施政治管理和行政管理、民众只是单纯受众的局面的一种质变。

二、基于土地基础上的集体经济型“村民社会”

亚历山大认为“市民社会”应当包含三个不同层次的内容：①就最低限度的含义来说，只要存在不受制于国家权力支配的自有社团，市民社会便存在了;②就较为严格的含义来说,只有当整个社会能够通过那些不受国家支配的社团来建构自身并协调起行为时,市民社会才存在;③作为对第二种含义的替代或补充,当这些社团能够相当有效地决定或影响国家政策之方向时,我们便可称之为市民社会(邓正来,亚历山大,2002)。

比照市民社会的内涵,笔者认为,在城中村场域中,存在一个基于土地基础上的集体经济型"村民社会"。它有两个特征:一是土地资源;二是基于集体基础上的经济型自治。

城中村社会结构演变的基本背景是乡村社区长期以来的"议政合一""乡政村治"格局逐步瓦解。这一过程的第一推动力是城中村土地的区位优势,城中村资产的主要成分是土地。对资产的支配突出地体现在对土地的处置权上。城中村村公司对土地享有支配权,事实上是受到各方面的默认的,尽管在正式文件中,总是用"上报"取得上级批准同意限制村公司对其资产的支配权。

城中村中,政府不再是垄断所有资源的唯一主体,在政府体系之外产生了非政府的资源积累和资本投入。城中村村公司成为自主经营的市场主体,拥有了独立的法人财产权和投资主体收益权。这些资源,村公司可以依据城中村现实的需要而投放到社区范围中去。

城中村村公司的各级负责人,扮演着集体经济精英的角色。来自个人或家庭、家族利益的刺激需求,以及来自村民群体内的争夺,促使他们为了维护稳定城中村利益而不断地在土地问题上创造新的价值,即物业租赁经济的创收。这一目标取向不断巩固着村公司的利益内聚力,同时也不断地弱化着村民群体对来自国家规则的认同。

王颖的新集体主义观认为,经济纽带扩展了乡村社会再组织整合的广度和力度,体现了建立于个人利益之上的集体与国家利益序列(王颖,1996)。但是本研究中所提出的"村民社会",其关键的一个内涵是,集体经济基础上的自治不仅是一个利益分享的过程,还意味着政治和组织上的依赖关系。村公司对村民的奖励和惩处都是用经济手段来衡量的,这也就造成了村民社会发育的健康性和有序性。

村公司的发展不只是简单的经济意义,它的作用范围超越了经济的范畴,对社区的全面发展、社区稳定和城中村的治理运作都具有重要的作用。而如果离开了村公司的协助,基层政府要想建立有序社区秩序是难以一下子就能达到的。城中村村公司承担了大量的社区管理职能,其发育状况表征了城中村村民社会发育的程度。

在今日的城中村,村公司和基层政府共同行使其社区治理权力已经是一个不争事实,它既是必然结果,也是社区发展的内在要求。

基于土地基础上的集体经济型"村民社会"的存在,极大地弥补了国家能力的不足，并促进了地方政府和基层经济实体之间合作性社区治理方式的形式。

第四节　进一步的讨论

一、关于“双轨政治”的长期性

城中村“双轨政治”治理模式，反映了地方政府对城中村的渗透与基层社区内生力量的发展(这种二元的格局，体现了城中村的秩序现状)，同时也反映了城中村制度变迁的实践逻辑。

城中村的社区治理，不仅表现为社区范围内两大组织的共生，更重要的是这种既有秩序的稳定性甚至是半合法性。目前这个问题引起的关注和相关研究比较缺乏。在城中村建构治理新格局，不仅牵涉地方政府的体制，而且更重要的是，治理模式的选择并不仅是外来制度性的安排，还需要城中村本土性内生力量。基于资源占有的问题，城中村的二元秩序在一段时期内是城中村治理的主流，但是在地理上走进城市的村庄，其社会政治领域的彻底城市化是城中村发展的必然归宿。那么，在地方政府有能力提供城中村转移支付和公共产品供给时，还有没有必要让渡权力？那时候的城中村是否又会面临和今日城市社区相同的治理难题？这就是另外需要考虑的问题了。

二、村公司发展前景

乡村的集体经济与乡村治理结构和方式有着密切的关联，中国乡村集体化和再集体化已经对乡村治理产生了深刻的影响，在相当程度上造就了新中国成立以来乡村社会的组织结构和治理形式。从两者的关联中可以得出，城中村集体经济未来的发展及集体产权的变革同样会对城中村社会的组织结构及其治理形式产生深刻的影响。因此，需要对城中村集体经济的发展前景进行考察。

在乡村集体经济发展的过程中，一个最值得关注的问题是集体经济本身的效率和前景。城中村村公司经济主流即租赁，这是一种保守型的经营方式，且随着土地的越来越少，仅仅依靠土地的经济模式面临着危机。城中村村公司并不是纯粹的企业，并不是一个只考虑经济利益最大化的经济实体，它是以社区整体的发展作为目标的，它所有的发展资源都在社区范围内，所以对社区还有责无旁贷的责任和义务，这也就意味着村公司需要花费大量的成本在社区管理层面。而且，这种成本随着城市化步伐的加快而日益激增。另外,村公司是社区村民集体所有,村民不可避免的要求参与并分享其利益,且每年的股份分红水涨船高,同时又要尽力阻止外来人参与利益分享,其结果必然会维持和加强社区集体经济组织的封闭性,使之成为带有严重的地缘网络的经济组织形式,最终损害集体经济本身的发展。

虽然在短期内,村公司这种依靠物业出租的经营方式可以盈利,但是这种低效的经营结构和高耗的消费成本,会使村集体经济的前景堪忧。

三、城中村社区的内部交往

(一) 城中村村民外部交往单一性

村公司与村民之间的庇护性关系,对村民来说最有吸引力的就是每年的股份分红,但是这也在一定程度上限制了他们个人的更大的发展。虽然可以享受到村公司发展所带来的利益和保护,但因其利益所在固守在村里,对于他们村籍要求尤为重要,同时这是以牺牲个人多元化发展为代价的,因为他们的日常生活充满了"种楼"和"收租"意识,带来了外部交往的单一性。

(二) 城中村内部交往的隔阂

在城中村,不仅存在地域上的二元秩序,在人口中也有二元的格局。由于土地制度和村籍身份,使本村的人口能够从市场化造成的土地急剧升值中获得巨大收益。外来人口主要是农民工,尽管居住在同一个社区,却不可能享有当地村民同样的收益,其经济收入与当地村民形成强烈对比。事实上,外来人口与村民生活在两个截然不同的世界。对外来人口来说,不管在城中村住多久,也无法融入社区,对村庄没有认同感,一定程度上造成了外来人口的高流动,从而使外来人口处于管理的真空当中,因此也给外来人口的管理带来了难题。

城中村居委会对外来人口的管理,目前只是停留在办证的层面。可以说,根本无所谓外来人口的自治,但这并不是说他们没有自治的需求,现实是他们没有给外来人口参与社区公共事务的制度性空间,他们的失语,既是主动的,也是被动的。

四、政策建议

国家在建构城中村治理模式的过程中必须充分动员和利用社会资源,以获得社区权力的支持。如果缺乏这种基础性的权力支持,国家将无法保障自身安全,也无法完成自治任务。

对于试图获取主导地位的城中村居委会来说,一方面要重视研究这个城中村权力空间的实际构造,认识城中村实践逻辑;另一方面要探索自身在这个权力空间中创建权力来源的途径,具体地说就是获得合法性根基。

从更深层次上看,对于城中村居委会而言,二元秩序的现状要求其必须增强治理能力，这是一种有效整合和动员各种资源的能力。治理能力的获得并有效运作，可以使自身逐渐减少对村公司的依赖，减少让渡的权限，从而以自己的方式建立某种配置机制，城中村中居委会与老人协会的连接关系，也体现了城中村居委会的努力。

在城中村社区治理中，居委会表现出路径依赖的特征，总是希望通过组织大量的社区活动、文化服务，针对老人和小孩的活动等种种方式来获得居民的认同。但是，这种停留在表层的工作和思维方式，实际功效甚微，难以使国家的理念渗透社区机理中去。

对城中村社区而言，城市化并不等于抛弃本土化，要加强社区凝聚力，必须寻求一个居民所认同的文化底蕴。依据民俗发展的规律，城市首先必须接收乡村文化遗产，然后才能创造自己的文化反哺乡村。而且社区生活的回归也并不是对传统社区形貌的简单再现，而是一个创造性地利用传统社区的乡土性资源，再组织社区生命的过程；也不是一种历史的必然，而是一个创造和重新建构的过程。因此，对于城中村居委会来说，寻找并找到社区“记忆”，不但应该要保留这些“记忆”，也要在内容上、形式上有所突破，以吸引居民来参加，唤醒其家园记忆，重建居民的主体意识，这是社区建设的有效的路径。

附件

附件1　广东省集体建设用地使用权流转管理办法

第一章　总　则

第一条　为加强国家对集体建设用地的管理，合理利用土地，规范集体建设用地使用权流转市场秩序，促进经济可持续发展，根据国务院关于深化改革严格土地管理的决定，结合我省实际，制定本办法。

第二条　集体建设用地使用权出让、出租、转让、转租和抵押，适用本办法。

第三条　取得农民集体土地进行非农业建设，应当符合国家有关产业政策及当地土地利用总体规划、城市规划或村庄、集镇规划。涉及农用地转为建设用地的，应当落实土地利用年度计划的农用地转用指标。

第四条　有下列情形之一的，集体建设用地使用权不得流转

（一）不符合土地利用总体规划、城市规划或村庄、集镇规划的；

（二）土地权属有争议的；

（三）司法机关和行政机关依法裁定、决定查封或以其他形式限制土地权利的；

（四）村民住宅用地使用权。

因转让、出租和抵押地上建筑物、其他附着物而导致住宅用地使用权转让、出租和抵押的除外。村民出卖和出租住房后，不得再申请新的宅基地。

第五条　通过出让、转让和出租方式取得的集体建设用地不得用于商品房地产开发建设和住宅建设。

第六条　集体建设用地使用权转让、出租和抵押时，其地上建筑物及其他附着物随之转让、出租和抵押；集体建设用地上的建筑物及其他附着物转让、出租和抵押时，其占用范围内的集体土地使用权随之转让、出租和抵押。

第七条　出让、出租和抵押集体建设用地使用权，须经本集体经济组织成员的村民会议 2/3 以上成员或者 2/3 以上村民代表的同意。

乡（镇）农民集体所有的土地由乡镇集体经济组织负责经营和管理，没有乡镇集体经济组织的，由乡镇人民政府负责经营和管理。

第八条　下列建设项目可以使用集体建设用地：

1. 兴办各类工商企业，包括国有、集体、私营企业，个体工商户，外资投资企业（包括中外合资、中外合作、外商独资企业、“三来一补”企业），股份制企业，联营企业等；

2.兴办公共设施和公益事业；

3.兴建农村村民住宅。

第九条　国家为了公共利益的需要，依法对集体建设用地实行征收或者征用的，农民集体土地所有者和集体建设用地使用者应当服从。

第十条　土地使用者应当按照市、县人民政府建设用地批准文件规定的用途使用土地。

确需改变土地用途的，应当经土地所有者和土地、规划行政主管部门同意，报原批准用地的市、县人民政府批准。

第十一条　县级以上人民政府土地行政主管部门负责本行政区域内集体建设用地使用权流转的管理和监督。

县级以上人民政府农业、审计、劳动保障、民政等行政主管部门应当按照各自的职责，对农民集体通过集体建设用地流转取得收益的管理使用，加强指导和监督检查。

第二章　集体建设用地使用权出让、出租

第十二条　集体建设用地使用权出让，是指农民集体土地所有者将一定年期的集体建设用地使用权让与土地使用者，由土地使用者向农民集体土地所有者支付出让价款的行为。以集体建设用地使用权作价入股(出资)，与他人合作、联营等形式共同兴办企业的，视同集体建设用地使用权出让。

集体建设用地使用权出租，是指集体土地所有者或集体建设用地使用权人作为出租人，将集体建设用地租赁给承租人使用，由承租人向出租人支付租金的行为。

第十三条　集体建设用地使用权出让、出租，应当签订书面合同。

集体建设用地使用权出让、出租的最高年限，不得超过同类用途国有土地使用权出让的最高年限。

第十四条　集体建设用地使用权出让、出租或作价入股(出资)的，农民集体土地所有者和土地使用者应当持该幅土地的相关权属证明、集体建设用地使用权出让、出租或作价入股(出资)合同(包括其村民同意流转的书面材料)，按规定向市、县人民政府土地行政主管部门申请办理土地登记和领取相关权属证明。市、县人民政府土地行政主管部门应依法给予办理。

第十五条　集体建设用地使用权出让、出租用于商业、旅游、娱乐等经营性项目的，应当参照国有土地使用权公开交易的程序和办法，通过土地交易市场招标、拍卖、挂牌等方式进行。

第十六条　集体建设用地使用权出让、出租合同约定的土地使用年限届满，土地使用权由农民集体土地所有者无偿收回，其地上建筑物、附着物按照集体建设用地使用权出让、出租合同的约定处理。

原土地使用者要求继续使用土地的，应当在土地使用年限届满前与农民集体土地所有者协商，集体土地所有者同意继续使用的，按本办法的规定重新办理集体建设用地使用权登记手续。

第三章 集体建设用地使用权转让、转租

第十七条 集体建设用地使用权转让，是指农民集体建设用地使用权人将集体建设用地使用权再转移的行为。集体建设用地使用权转租，是指承租人将集体建设用地使用权再次租赁的行为。

第十八条 集体建设用地使用权转让、转租应当签订书面合同。

集体建设用地使用权转让的，原受让方的权利、义务随之转移；集体建设用地使用权转租的，转租人应当继续履行原出租合同。

集体建设用地使用权转让、转租的年限为原土地使用年限减去已使用年限后的剩余年限。

第十九条 集体建设用地使用权转让、转租的，当事人双方应当持集体土地使用权属证明和相关合同，到市、县人民政府土地行政主管部门申请办理土地登记和领取相关权属证明。市、县人民政府土地行政主管部门应依法给予办理。

第四章 集体建设用地使用权抵押

第二十条 集体建设用地使用权抵押，是指集体建设用地使用权人不转移对集体建设用地的占有，将该集体建设用地使用权作为债权担保的行为。

第二十一条 集体建设用地使用权抵押应当签订书面合同，并到市、县人民政府土地行政主管部门办理抵押登记。农民集体土地所有者抵押集体建设用地使用权的，在申请办理抵押登记时，应当提供本集体经济组织的村民会议 2/3 以上成员或 2/3 以上村民代表同意抵押的书面材料。

第二十二条 集体建设用地使用权被作为抵押物的，债务人不履行债务时，抵押权人有权依法处分抵押的集体建设用地使用权。

因处分抵押财产而取得集体建设用地使用权和地上建筑物、其他附着物所有权，应当办理过户登记。

第二十三条 处分抵押集体建设用地使用权所得，抵押权人有优先受偿权。

第二十四条 抵押权因债务清偿或者其他原因而消灭的，应当办理注销抵押登记。

第五章 土地收益

第二十五条 集体土地所有者出让、出租集体建设用地使用权所取得的的土地收益应当纳入农村集体财产统一管理。其中 50%以上应当存入银行（农村信用社）专户，专款用于本集体经济组织成员的社会保障安排，不得

挪作他用。具体实施办法由省劳动保障部门会同省农业、民政、财政、卫生等部门制定，报省人民政府批准后实施。

第二十六条　集体建设用地使用权出让、转让和出租的，应当向土地行政主管部门申报价格，并依法缴纳有关税费。集体建设用地使用权转让发生增值的，应当参照国有土地增值税征收标准，向市、县人民政府缴纳有关土地增值收益。土地增值收益收缴和使用管理办法由省财政部门会同省国土资源、物价部门另行制定，报省人民政府批准后实施。

第二十七条　市、县人民政府土地行政主管部门应当制定本行政区域集体建设用地使用权的基准地价，并报市、县人民政府批准后公布。

第六章　法律责任

第二十八条　集体建设用地闲置的，市、县人民政府土地行政主管部门应当责令改正；农民集体土地所有者对闲置的土地负有直接责任的，在土地闲置状况改正之前，市、县土地行政主管部门暂停办理其新增集体建设用地审批手续。

第二十九条　单位和个人通过出让、转让、出租方式取得的集体建设用地用于开发商品房地产项目和进行住宅建设的，市、县土地行政主管部门应当责令改正，拒不改正的责令交还土地。

第三十条　违反本办法第十五条的规定，集体建设用地使用权不实行公开交易的，县级以上土地行政主管部门不得为其办理产权变更登记或者他项权利登记手续。

第七章　附则

第三十一条　集体建设用地使用权流转的合同文本格式，由省国土资源部门制定。

第三十二条　本办法自 2005 年 10 月 1 日起实施。

附件 2　关于要求启用 H 村自留用地的报告

天河区人民政府：

我广州市天河区东圃镇 H 村村民委员会根据穗城规东片地字[1993]第 446 号、[1994]第 18 号和[1994]第 187 号《建设规划许可证》及穗国土建用字[1994]第 132 号、[1994]第 480 号和[1994]第 549 号《建设用地批准书》批准将位于天河区大观路以西广东奥林匹克体育场西面面积 88 795 平方米土地作为我村的自留经济发展用地。该用地是市政府扩建中山大道和大观路时征用我村约 1 000 亩土地作道路而补偿给我村的。但如今我村正要开发使用这些自留土地，却得不到广州市规划局的及时批复，致使我们的集体经济蒙受巨大损失。事情的经过是这样的：

在1998年至2001年“九运会”筹备期间，先后几次征用我村土地共计843.25亩。用于市政建设、奥林匹克体育中心配套建设，我村被拆除厂房、仓库、商铺等物业面积20多万平方米，搬迁的企业单位有70多家，拆除物业的面积占我村总物业面积的80%以上，且征地补偿价较低，加上近年来征地造成我村集体经济发展用地日益稀少，村集体经济从而持续下滑，直接影响了村民的股红分配，严重影响我村的经济发展与社会稳定。为了解决农村城市化进程中确实存在的“三农”问题，我村在办妥了规划、国土相关手续后，拟使用上述自留用地开发商旅项目，以使其产生经济效益。但在“九运会”召开前夕，市政府要求使用上述自留用地作为“九运会”会场的停车场配套使用，我村为顾全大局，作出重大牺牲毅然把项目搁置，支持“九运会”胜利召开。同时在大观路扩路时，我村也配合退让了红线用地，并集资修路，为广州城市建设出资出力。

在“九运会”胜利闭幕后，在区、市政府的大力支持下，于2002年8月12日根据穗于计[2002]66号《关于汽车博览中心固定资产投资计划的批复》。经计划部门立项批准同意，拟在上述自留用地兴建汽车博览中心项目，在2002年12月11日根据国土部门穗国土建用函〔2002〕359号、360号及〔2003〕44号《关于同意延长建设用地批准书有效期的函》办理了土地使用延期使用手续，在2003年4月23日根据市规划局穗规函〔2003〕1514号、1517号《关于申请调整用地性质的复函》到广州市交通规划研究所办理了项目的交通影响评估，在2003年6月完成了项目的交通影响评估报告，报告论证了项目是可行的。在2003年7月市规划局穗规[2003]2392号、2808号及2809号《关于申请调整用地性质的复函》同意了改变项目土地使用性质，在2003年10月14日市规划局穗规函[2003]3749号《关于送审总平面规划方案审查意见的函》同意了项目的总平面规划。于是在2003年11月我村利用项目公司“广州华南汽车博览中心有限公司”进行该项目开发资金筹措和招商引资，并先后与宝马汽车、宾利汽车、富豪汽车、捷豹汽车、路虎汽车等多家国际品牌签订了建设汽车展销用房的合同。一系列的规划设计和报建工作已进行了叁年多，我村广大村民盼望的预期效益也近在咫尺。但在去年上半年我村两次报送详细修建性规划方案到广州市城市规划局审批时，规划局由于申亚的原因暂缓我村在上述有效合法用地上报建(根据2004年1月14日及6月18日穗规复〔2004〕192号及2163号《关于暂缓审批修建性详细规划的复函》)。在申亚成功后，我村按规划局的要求出具公证书在2004年12月27日我村再次向市规划局报建，至今仍未答复(案号：2004009372号)。

要解决“三农”问题，非一朝一夕的努力就可以解决，而是要千方百计创造条件，尤其是要大力发展壮大农村集体经济才能逐步解决。村每年在合作医疗、教育、卫生、治安投入几百万元，资金的来源都取于物业的收益。我村的集体经济建设在支持广州市的城市建设已作出了重大的牺牲，若我们这次不把握机遇，充分利用有限的土地资源，切实解决我村人多地少无工作的突出问题，我村发展壮大集体经济仅有的一线希望将不复存在，几万平方米的土地几年的时间使我村损失几千万，群众痛心！国际著名品牌企业与我村合作也十分不理解个中原因是否合乎情理。我村 4 800 位村民期待市规划局的依法行政而不是遥遥无期期的拖延审批。

为此，热切期望得到省、市、区领导对我村的支持和关心，在上述合法、有效的土地上兴建汽车博览中心项目。使我村的集体经济收益得到有效保障。

以上报告，请天河区人民政府支持为盼！

广州市天河区东圃镇H村村民委员会

二〇〇五年四月一日

附件3　关于进一步加强流动人口和出租屋管理服务工作的意见

省委、省政府：

改革开放以来，随着我省经济社会的发展，大批流动人口进入我省务工经商，对解决经济增长中的劳动力需求矛盾，促进经济快速发展起到了重要作用，但也给维护社会稳定带来了压力。目前，我省登记在册的暂住人口达 2 451 万人，约占全国的 1/3。加强流动人口和出租屋管理，保障流动人口合法权益，维护社会稳定的任务日益繁重。为适应形势发展要求，结合我省实际，现就进一步加强流动人口和出租屋管理服务工作提出如下意见。

一、明确管理服务指导思想

人口流动是社会经济发展的必然结果，流动人口管理是社会管理的一项基础工作。加强流动人口和出租屋的管理服务工作，有利于维护社会稳定，有利于发展经济，有利于依法行政，有利于维护人民群众合法权益。各级党委、政府要从统筹城乡发展的高度出发，切实重视流动人口和出租屋管理工作，确立“创新机制，加强管理，优化服务，促进发展”的指导思想。要适应形势发展的要求，研究新问题，拓展新思路，探索新办法，不断建立和完善切实有效的工作机制；切实维护社会稳定，依法履行行政机关的社会管理职能，不断改进工作方法，提高管理水平和效率；坚持以人为本，切实维护流动人口合法权益，不断建立和完善社会保障体系和服务网络，为流动人口在粤创业和生活创造良好的社会环境，努力探索做好流动人口和出租屋管理服务工作新经验。

二、完善协调工作格局

各级党委、政府要切实加强对流动人口和出租屋管理服务工作的领导，精心部署，统筹各方，建立和完善"政府领导、部门参与、保障有力、综合治理"的工作格局。各级流动人口和出租屋管理协调机构要充分发挥作用，切实履行职责，指导、协调、督促、检查有关部门开展工作。没有成立流动人口和出租屋管理协调机构的，要指定相关职能部门牵头负责。各级职能部门和工会、共青团等群众团体要在党委、政府的统一领导下，各司其职，协调配合，齐抓共管，共同做好流动人口和出租屋管理服务工作。

公安机关要认真贯彻执行流动人口和出租屋治安管理的法律法规，预防和打击流动人口违法犯罪活动。劳动保障部门要做好流动就业人员的劳动管理与就业服务工作，加强职业介绍管理、劳动保障监察执法和劳动争议处理，配合有关部门做好春运期间农民工有序流动工作。人口计生部门要做好以已婚育龄妇女为重点的流动人口计划生育工作和流动人口婚育证明的发放、查验工作。建设部门要研究制订成建制施工企业、从业人员和工地的管理办法。国土房管部门要做好房屋租赁的登记管理及出租房屋建筑安全的审核、使用安全的检查工作。民政部门要做好对城市生活无着的流浪乞讨人员救助管理和城市生活无着的流浪少年儿童救助保护工作。工商部门要加强对流动人口从事个体经营活动的管理，做好对流动人口申领工商营业执照的核发、管理和服务工作。教育部门要做好流动人口子女接受义务教育工作。卫生部门要大力开展对流动人口的健康教育和卫生保健工作。司法行政部门要加强对流动人口和出租屋主的普法教育，指导和开展对流动人口的法律援助服务工作。财政部门要制订流动人口、出租屋管理和服务工作经费管理办法，将流动人口和出租屋管理所需经费纳入各级财政预算予以保障，解决本级流动人口和出租屋管理协调机构工作人员的所需经费开支。地税部门要依法加强相关税收征管工作。物价部门要加强对流动人口出租屋的收费实施情况监督，查处违规收费行为。党委组织部门要加强对流动人口中的党员的教育管理，采取切实措施关心、帮助他们，充分发挥他们在我省改革发展稳定中的模范带头作用。工会组织要依法维护在企业务工的流动人口的合法权益。共青团组织要把流动人员中的团员组织起来，支持他们立足岗位建功立业，发挥桥梁纽带作用。

三、建立健全管理队伍

各地可根据实际需要组建或整合流动人口和出租屋协管人员队伍，协助相关职能部门做好流动人口和出租屋管理服务的日常工作，包括暂住人员登记办证、房屋租赁登记备案、流动人口计划生育管理、检查验证、档案管理、搜集流动人口和出租屋动态信息、代征相关税费等。协管员由县（市、区）流动人口和出租屋管理部门负责招聘、培训、管理和使用。协管员不具备执法权。流动人口和出租屋管理机构与各相关职能部门要加强对协管员的教育培训和管理监督，并对其履行相关业务工作职责的行为负责。

四、落实具体管理措施

各级流动人口和出租屋管理协调机构和建设、国土房管、公安、人口计生等职能部门要依法行政，加强对房屋出租人和承租人的监督管理。房管部门要加强房屋租赁登记备案工作。房屋租赁主管部门要将房屋租赁的相关信息及时向所在地公安机关通报备案。落实暂住登记、暂住人口和出租屋建档、通报协查等行之有效的管理措施，积极探索科技化、信息化、网络化的管理办法，全面及时掌握暂住人口动态信息。

基层流动人口和出租屋管理部门要根据居住在出租屋的暂住人口类型，实行分类分层次管理，突出管理重点，降低管理成本，提高管理效率。要结合当地实际，积极探索、推广庭院式管理、旅业式管理、小区式管理、居住中心管理等管理办法。依法加大对流动人口、出租屋税费的收取和管理力度。严格按照中央综治委等八部委《关于取消暂住人口管理性收费后进一步加强暂住人口管理工作的通知》（综治委〔2002〕14号）、国家对房屋租赁税收的规定以及我省的有关规定，做好治安联防费的征收工作，加强对房屋出租的税收征管。

五、优化相关服务工作

各级党委、政府和有关部门要高度重视维护流动人口合法权益工作。要积极为流动人口提供就业和技能培训服务，加强对职业中介机构的管理，妥善调处劳资纠纷，突出抓好劳动安全、工资福利保障等问题。大力开展对流动人口的计划生育宣传教育活动，落实为流动人口提供避孕节育和优生优育有关服务。加强流浪乞讨人员救助站和流浪少年儿童救助保护中心建设，健全管理制度，规范管理。多渠道开展对流动人口的健康知识教育，积极为流动人口提供健康检查、疾病预防和控制服务。不断加大投入，改善教育设施，努力解决流动人口学龄儿童入学问题。广泛开展对流动人口的法制教育和法律援助工作。有关部门要逐步增加暂住证的实用功能，使其在流动人口就业、申领证照、出境旅游、开办企业、就医就学等方面发挥应有的作用。以上意见如无不妥，建议批转各地、各部门贯彻执行。

广东省维护稳定及社会治安综合治理委员会
二○○四年十月十一日

附件 4　H 村街 JX 社区巾帼文明岗职责

为了规范社区管理，充分发挥社区居委会在社区建设中的应有作用，根据街区关于规范社区管理，明确社区工作人员的指示精神，结合社区工作实际，现将 JX 社区巾帼文明岗职责分工情况如下。

主任岗：

1. 全面负责本社区居委会工作并督促检查其他成员的工作，帮助解决工作中遇到的问题，协调各工作委员会处理好日常事务。

2. 领导社区居委会全体成员、居民群众拥护党的领导，执行党的路线、方针、政策和国家法律、法令，并负责党和国家的各项方针政策在社区居民委员会的贯彻实施。

3. 在政府(街道办事处)的指导和社区党总支(支部)的领导下，团结、组织、领导社区居委会认真履行所担负的职责，密切与辖区内各单位的联系，对社区成员代表大会负责，对社区成员代表大会负责，对社区成员代表大会负责，自觉接受社区议事委员会和社区成员的监督。

4. 以身作则，模范遵守社区各项规定和社区成员代表会议的各项决议、决定，完成各项工作任务，管理好社区的各项社区事务，并接受社区议事委员会的建议和监督。

5. 协调社区居委会各委员会之间的关系，充分调动和发挥各工作委员会成员和居民小组长的作用，积极完成各项任务。

6. 管理好社区居委会的固定资产及账务账目，定期向议事委员会及社区成员代表大会报告财务收支情况。

7. 经常组织社区委员会成员开展政策和业务学习，熟练掌握相关政策和业务知识，提高社区居委会整体素质。

副主任岗：

1. 协助社区居委会主任负责处理日常工作。接受社区居委会主任的委托，召集主持有关会议。及时向社区居委会主任反映工作中的问题及社区成员的意见、要求和建议。

2.计生工作:1)负责组织计生咨询宣传活动;2)定期落实查环查孕人员检查情况;3)负责更换宣传栏内报纸及编写月宣传专刊;4)负责组织并督促计生专干及协管计生员进行日常计生工作检查的业务指导;5)负责做好计生工作备忘日记;6)负责签署入户计生情况意见;7)负责辖内单位及育龄妇女计生合同管理的签订。

3.科普宣传及推广工作:主动与区科协联系,经常组织科普讲座,定期出科普宣传栏,不断向居民推广科普产品并做好推广后的善后工作。

4.义工工作:负责发展社区志愿者服务及义工队伍并做好服务者个人档案和服务活动的记录工作;组织义工志愿者服务人员为社区行动不方便的孤老、残疾人上门提供各种服务活动,通过组织活动为社区居民排忧解难,培养社区"人人为我,我为人人"的互帮互助、扶困济贫的社会风气。

5.计生协会。妇幼、关协、工会工作:任计生协会委员并填写协会工作记录,结合社区实践,组织开展法制、妇女、儿童保健、青少年文化等宣传教育活动,充分发挥计生协会、关协在社区建设的作用。负责发展社区单位成立工会组织并开展工会活动。

6.居委会报账工作:负责每月经费和居委会各项活动的报账工作。

计生专干岗:

1.负责做好计生工作各种报表。

2.育龄妇女卡册的整理存档入电脑工作。

3.根据街道计生办统一安排,每月须到指定的医院抄写计生有关资料,每月须主动与H村卫生站联系,落实当月出生和计生有关材料的收集。

4.负责村公司出租屋协管员计生登记资料的签收工作。

5.负责计生活动情况总结报道工作及计生资料整理和存档工作。

民政专干岗:

1.负责社区"星光计划"实施,每周开放两个半天活动室。

2.老龄及退管工作,负责办理老年优待证、组织卫生站每周上门或每年组织一次为老年人义诊,根据老年人要求,每年组织2—3次外出旅游活动,每周不定期对辖内12名退休人员进行跟踪走访慰问并做好记录。

3.残联工作,不定期地对残疾人情况跟踪服务和记录。

4.司法、调解工作:定期组织法律知识宣传活动和讲座,负责每月一期普法宣传栏、每周进行一次法律咨询、定期对20多名帮教对象进行走访跟踪工作并及时做好记录。调解工作:负责接待和处理单位、居民来信走访,协助调解主任组织调解会议,及时调处单位和居民、家庭各种矛盾纠纷。协助综治专干做好创安帮教工作，对因人民内部的矛盾激化，可能引起严重危害治安后果的情况要及时向有关部门反映，同时做好教育疏导工作，预防恶性事件发生。

5．捐赠慰问工作，负责组织每年2—3次的捐赠组织工作，节日期间对特困、孤老、残疾人员进行慰问的组织工作。

6．搞好最低生活报账制度的申报及申报材料归档保管工作，做到调查与发放情况张榜公布。

综治专干岗：

1．创安工作：1)搞好社区创安资料收集整理工作，做好创安工作的各种记录，对辖区内不安全因素要有整改的措施，发现案情妥善保护现场，迅速报案，并积极地协助公安机关工作；2)协助村公司搞好出租屋包括房屋、商铺管理工作，经常保持联系，做好数据统计并负责上报。及时掌握和了解居民家中外来人员的情况，做到社区人口底数清、情况明。落实社区内流动人口和暂住人口教育、发证；3)组织居民开展群防群治，形成专门结合的防控网络，负责每周两次居民义务巡逻组织安排工作，定期检查值班巡逻情况，并负责整理巡逻登记材料。

2．居委会文件档案管理工作：做好文件收发，督促各岗位将文件档案资料统一归档，每半年将文件存档案袋装订成册。

3．负责报送采购计划，对所购回的办公用品须验收和登记保管，发放用品须施行领用制度，每月底对办公用品进行清点并向居委主任报告。

4．协助民政专干做好调解、慰问、老年等其他工作。

城管专干岗：

1．城管工作：1)宣传爱国卫生工作的方针政策，教育社区成员自觉遵守有关法律、法规。普及卫生科普知识，提高社区成员环境意识，减少环境污染，树立文明向上的社区精神风貌，养成良好的卫生习惯；2)卫生管理工作：督促辖区单位搞好环境卫生，发动群众采取措施，消灭“四害”，加强与村公司的沟通联系，及时向有关部门反映辖区居民对环境卫生工作的意见和要求，建立卫生管理档案资料，定期组织开展健康教育活动；3)配合工商、卫生管理部门对食品加工、五小场所进行经常性检查并负责填报各种报表工作。

2．消防安全工作：定期对商铺、出租屋进行检查并及时登记如册，每月一期消防专栏。

3．文化体育工作：负责填报社区文化、体育方面的各种报表，组织策划社区文化、体育运动活动方案，搜集整理各类活动图片和资料等。

4．失业资助工作：做好失业资助审批登记工作，加强对失业人口转变择业观念的教育，随时掌握失业人员情况及就业信息，发动社区成员，帮助失业人员实现再就业；

5. 交通管理工作负责填写交通完全有关会议、事故发生、车辆年检记录，每月25日进行一次交通安全宣传活动。

6. 协助综治专干做好单位有关综治情况的登记报表工作。

H村街道JX社区居委会

2005年6月6日

附件5 房屋租赁合同

屋主(甲方)： 租客(乙方)：

一、甲方将坐落于H村×巷×号×室出租给乙方作为居住使用。

二、租赁期从二〇〇×年×月×日起至二××年×月×日止。

三、每月租金为人民币×元整(×元)。在合同签订生效时即交纳当月租金，以后应当在每月×号前交纳下一个月租金。乙方必须按时交纳租金，如有拖欠，每天按拖欠总额租金3%加收滞纳金，超期五天仍未交纳租金及滞纳金的，甲方有权终止合同，收回房屋并视乙方违约。

四、乙方在签订合同时即交纳房屋押金人民币×元整(×元)给甲方，租用期为×，期满前经双方同意，可续签合同。乙方在双方合同期满后结清一切费用；甲方检查房屋及设施损坏后将所收押金无息退还给乙方。

五、乙方在租赁期内不得将房屋转租或借租给他人使用，不得从事违法活动。

住户在居住期间应搞好室内环境卫生，不得往窗外丢垃圾、什物等不文明行为，出入关好门窗。并搞好邻里关系，互相照应。晚上十时后不得制造噪音，以免影响他人休息。如有上述情况发生并遭投诉的，一切后果由乙方自行负责，甲方有权终止合同，并视乙方违约。

六、甲方出租的房屋，现有以下物件：门、窗、厨房、厕所、阳台、墙壁、锁匙卡、吊扇、排气扇、地面等一切装修，乙方要保护和珍惜使用；除自然损坏外，不得破坏，另乙方在墙身上打洞则每个罚款10元，并由乙方按原样修复或赔偿。注：锁匙卡每张押金10元，共×张(若乙方退房时所交回的锁匙卡无损完好的情况下，甲方应将押金无息退回给乙方，如有损坏或遗失则没收押金，中途如需换卡，则另收押金)。吊扇每把120元，排气扇每把45元。

七、乙方不得将什物倒入厕所或下水道，否则由乙方负责疏通清理。

八、乙方所有居住人员必须持有国家规定的合法有效证件方可入住本房屋，并不准从事违法犯罪活动，否则一切责任和后果由乙方自行承担。

九、乙方在交纳租金时应一并交纳当月的水电费，按现时价格每度电壹圆整（1.00元），每吨水贰圆伍角整（2.5元）。中途如水电费升价或降价则另行参照执行。若村里要收取其他费用则由乙方支付。电视费每月伍圆（5元）、上网费每月伍拾圆（50元）。

十、乙方不得在未经甲方的同意擅自下拉、搭线，否则一切后果由乙方负责。

十一、三个月内退房不退押金。三个月后甲方如需收回房屋，应提前十天通知乙方，乙方应无条件地将房屋交回甲方，甲方将所收押金无息退回乙方。如乙方需退回房屋则应提前三天通知甲方，甲方检查房屋及设施无损坏后将所收押金无息退还乙方，不退租金。如乙方违约，甲方有权没收乙方押金，不得异议。

十二、本合同未尽事宜由甲乙双方协商解决，如遇不可抗力的情况，各自的损失各自负责。

十三、本合同经双方签字后正式生效。合同一式两份，甲、乙方各执一份。

甲方签字：　　　　　　　　　　乙方签字：

身份证号：　　　　　　　　　　身份证号：

联系电话：　　　　　　　　　　联系电话：

户籍地址：

工作单位：

水表底数×度　　　电表底数×度

本合同于二×××年×月×日在H村签字

附件6　流动人口计划生育工作管理办法

中华人民共和国国家计划生育委员会令

（第1号）

《流动人口计划生育工作管理办法》已经国务院批准，并授权国家计生委发布，自1999年1月1日起施行。

主任　张维庆

一九九八年九月二十二日

第一条　为了加强流动人口计划生育管理工作，维护流动人口的合法权益，有效地控制人口增长，制定本办法。

第二条　本办法适用于现居住地不是户籍所在地，异地从事务工、经商等活动或者以生育为目的异地居住，可能生育子女的已婚育龄人员(以下简称已婚育龄流动人口)。

第三条　地方各级人民政府统一领导本行政区域内流动人口计划生育管理工作，组织、协调有关部门对流动人口计划生育工作实行综合管理并提供必要的保障。地方各级人民政府应当将流动人口计划生育管理纳入本行政区域内人口和计划生育工作目标管理责任制。

第四条　国务院计划生育行政管理部门负责全国的流动人口计划生育管理工作。县级以上地方各级人民政府计划生育行政管理部门负责本行政区域内流动人口计划生育管理工作。

第五条　县级以上人民政府公安、工商行政管理、劳动就业、卫生、房产管理等行政部门应当配合同级计划生育行政管理部门，在各自的职责范围内做好流动人口计划生育管理和服务工作。

第六条　流动人口的计划生育工作由其户籍所在地和现居住地的地方人民政府共同管理，以现居住地管理为主。流动人口现居住地的地方人民政府负责对流动人口计划生育工作的日常管理，并将流动人口计划生育工作纳入当地计划生育管理。

第七条　成年流动人口在离开户籍所在地前，应当凭合法的婚姻、身份证件，到当地县级人民政府计划生育行政管理部门或者乡(镇)人民政府、街道办事处办理婚育证明。婚育证明的内容应当包括：姓名、性别、年龄、婚姻状况、居民身份证号码、生育状况、落实节育措施状况、计划生育奖罚情况等。

第八条　成年流动人口到现居住地后，应当向现居住地的乡(镇)人民政府或者街道办事处交验婚育证明。现居住地的乡(镇)人民政府或者街道办事处查验婚育证明后，应当依照本办法第二条的规定，对已婚育龄流动人口予以登记，并告知其接受当地乡(镇)人民政府或者街道办事处的管理；婚育证明不完备的，应当要求补办。

第九条　流动人口现居住地的乡(镇)人民政府或者街道办事处应当向其中的已 婚育龄流动人口进行人口与计划生育宣传，并组织有关单位向育龄夫妻提供避孕节育措施服务。

第十条　有关部门审批成年流动人口的暂住证、营业执照、务工许可证等证件时，应当核查其现居住地的乡(镇)人民政府或者街道办事处查验过的婚育证明，并将审批结果通报其现居住地的乡(镇)人民政府或者街道办事处；没有婚育证明不得批准。

第十一条　与已婚育龄流动人口形成劳动关系的用人单位和个人应当负责被招用的已婚育龄流动人口的计划生育管理工作，并接受其现居住地的乡（镇）人民政府或者街道办事处和县级以上地方人民政府计划生育行政管理部门监督检查。

第十二条　向已婚育龄流动人口出租或者出借房屋的房主，应当配合其现居住地的乡（镇）人民政府或者街道办事处做好已婚育龄流动人口计划生育管理工作。

第十三条　已婚育龄流动人口申请在现居住地生育子女的，应当在其户籍所在地的县级人民政府计划生育行政管理部门或者乡（镇）人民政府、街道办事处按照当地有关规定办理生育证明材料。已婚育龄流动人口可以凭其户籍所在地的县级人民政府计划生育行政管理部门或者乡（镇）人民政府、街道办事处出具的生育证明材料，在现居住地生育子女。

第十四条　已婚育龄流动人口现居住地的乡（镇）人民政府或者街道办事处应当与其户籍所在地的乡（镇）人民政府或者街道办事处建立联系，并将已婚育龄流动人口的避孕节育情况向其户籍所在地的乡（镇）人民政府或者街道办事处通报。已婚育龄流动人口也可以自行将其现居住地的乡（镇）人民政府或者街道办事处出具的避孕节育情况证明寄回其户籍所在地的乡（镇）人民政府或者街道办事处。已婚育龄流动人口户籍所在地的乡（镇）人民政府或街道办事处在了解已婚育龄流动人口避孕节育情况后，不得再要求其回户籍所在地接受避孕节育情况检查。

第十五条　对已婚育龄流动人口中独生子女的父母的奖励，由其户籍所在地的乡（镇）人民政府或者街道办事处按照本省、自治区、直辖市的有关规定办理。

第十六条　已婚育龄流动人口计划生育情况统计，按照国家有关规定办理。

第十七条　已婚育龄流动人口的节育手术费，有用工单位的，由用工单位负担；无用工单位的，先由本人支付，凭其现居住地的乡（镇）人民政府或者街道办事处证明，由本人在其户籍所在地的乡（镇）人民政府或者街道办事处报销。

第十八条　在已婚育龄流动人口计划生育管理工作中做出显著成绩的单位和个人，由当地人民政府和计划生育行政管理部门给予奖励。对已婚育龄流动人口计划生育工作不负责任，未达到计划生育工作目标的单位和个人，由当地人民政府和有关部门按照本省、自治区、直辖市有关规定予以处理。

第十九条　已婚育龄流动人口违反计划生育规定的，由其现居住地或者户籍所在地的乡（镇）人民政府、街道办事处或者计划生育行政管理部门按照本省、自治区、直辖市的有关规定予以处理。已婚育龄流动人口因违反计划生育规定在一地受到处理的,在另一地不因同一事实再次受到处理。

第二十条　伪造、出卖或者骗取婚育证明的,由县级以上地方人民政府计划生育行政管理部门给予警告,可以并处 1 000 元以下罚款;有违法所得的,没收违法所得,可以并处违法所得 3 倍以下的罚款;构成犯罪的,依法追究刑事责任。

第二十一条　不按照规定办理婚育证明,经其现居住地的计划生育行政管理部门通知后,逾期仍拒不补办或者拒不交验婚育证明的,由其现居住地的县级以上地方人民政府计划生育行政管理部门给予警告,可以并处 500 元以下的罚款。

第二十二条　拒绝为成年流动人口办理婚育证明或者为其出具假证明的,由当地县级以上地方人民政府计划生育行政管理部门责令改正,并可以建议有关部门对直接责任人员依法给予行政处分。

第二十三条　县级以上地方人民政府公安、工商行政管理、劳动就业、卫生、房产管理等行政部门工作人员审批成年流动人口有关证件时,不查验婚育证明或者明知无婚育证明而予以批准的,依法给予行政处分。

第二十四条　与已婚育龄流动人口形成劳动关系的用人单位和个人拒不履行流动人口计划生育管理职责的,由当地县级以上地方人民政府计划生育行政管理部门给予警告,可以并处 1 000 元以下的罚款。

第二十五条　本办法规定的已婚育龄流动人口婚育证明格式,由国务院计划生育行政管理部门统一规定。

第二十六条　本办法自 1999 年 1 月 1 日起施行。1991 年 12 月 26 日国务院批准,国家计划生育委员会发布的《流动人口计划生育管理办法》同时废止。

参考文献

（一）著作类

[1] [法]埃哈尔·费埃德伯格.权力与规则——组织行动的动力.张月，等译.上海：上海人民出版社，2005.

[2] [美]彼得·布劳.社会生活中的交换与权力.孙菲，译.北京：华夏出版社，1988.

[3] [英]戴维·米勒，韦农·波格丹.布莱克韦尔政治学百科全书.邓正来，译.北京：中国政法大学出版社，1992.

[4] [法]皮埃尔·布迪厄，[美]华康德.实践与反思：反思社会学导引.李猛，李康，译.北京：中央编译出版社，1998.

[5] 蔡禾，张应祥.城市社会学：理论与视野.广州：中山大学出版社，2003.

[6] 陈向明.质的研究方法与社会科学研究.北京：教育出版社，2000.

[7] 程同顺.当代中国农村政治发展研究.天津：天津人民出版社，2000.

[8] 单菁菁.社区情感与社区建设.北京：社会科学文献出版社，2005.

[9] [法]笛卡儿.我思故我在：笛卡儿的一生及其思想方法论.钱志纯，译.中国台北：志文出版社，1978.

[10] [法]迪尔凯姆.社会学方法的准则.狄玉明，译.北京：商务印书馆，1995.

[11] [法]米歇尔·福柯.福柯集.杜小真，译.上海：远东出版社，2004.

[12] [美]杜赞奇.文化、权力与国家：1900—1942 年的华北农村.王福明，译.南京：江苏人民出版社，2004.

[13] 多吉才让.街道工作与居委会建设.北京：中国社会出版社，1996.

[14] 多吉才让.乡镇政权与村委会建设.北京：中国社会出版社，1996.

[15] 范瑜，贺雪峰.村民自治的村庄基础：来自全国十个省市的村民自治调查报告.西安：西北大学出版社，2002.

[16] 樊纲.渐进改革的政治经济学分析.上海：上海远东出版社，1996.

[17] 费孝通.人的研究在中国——一个人的经历//北京大学人类学研究所.东亚社会研究.北京:北京大学出版社,1993.
[18] 费孝通.乡土中国　生育制度.北京:北京大学出版社,1998.
[19] [美]费正清.美国与中国.张理京,译.北京:世界知识出版社,1999.
[20] 风笑天.社会学研究方法.北京:中国人民大学出版社,2001.
[21] 方明.新农村建设——村庄治理研究.北京:中国建筑工业出版社,2006.
[22] 刘晔.城市治理与公共权力边界、责任与合法性//复旦公共政策评论(第一辑).上海:上海辞书出版社,2005.
[23] 甘阳,崔之元.中国改革的政治经济学.中国香港:牛津大学出版社(中国)有限公司,1997.
[24] 格尔茨.文化的解释.韩利,译.南京:译林出版社,1999.
[25] [美]克利社德·格尔茨.地方性知识.王海龙,张家渲,译.北京:中央编译出版社,2000.
[26] 郭正林.村民自治与党的领导.中国香港:香港浸会大学出版社,1999.
[27] 郭正林.中国村政制度.北京:中国文联出版社,1999.
[28] 顾建健.转型中的社会治理——和谐社会构建与社会发展研究.上海:上海交通大学出版社,2006.
[29] 胡荣.理性选择与制度实施:中国农村村民委员会选举的个案研究.上海:上海远东出版社,2001.
[30] 何海.国家治理视角中的村民委员会//刘亚伟.无声的革命——村民直选的历史、现实和未来.兰州:西北大学出版社,2002.
[31] [英]哈耶克.自由秩序原理.邓正来,译.北京:生活·读书·新知三联书店,1997.
[32] [英]哈耶克.哈耶克论文集.邓正来,译.北京:首都经贸大学出版社,2001.
[33] [德]哈贝马斯.交往与社会进化.张博树,译.重庆:重庆出版社,1989.
[34] [英]霍布斯.利维坦.黎思复,黎延弼,译.北京:商务印书馆,1985.
[35] 黄序.城市发展中的社区建设.北京:中国城市出版社,2002.
[36] 黄宗智.华北的小农经济与社会变迁.北京:中华书局,1986.
[37] 黄宗智.长江三角洲的小农经济与乡村发展.北京:中华书局,2000.
[38] 黄卫平.透视盐田模式——社区从管理到治理.重庆:重庆出版社,2006.
[39] 黄志宏.城市居住区空间结构模式的演变.北京:社会科学文献出版社,2006.
[40] 贺雪峰.新乡土中国——转型期乡村社会调查笔记.桂林:广西师范大学出版社,2002.
[41] 贺雪峰.乡村治理的社会基础——转型期乡村社会的性质研究.北京:中

国社会科学出版社,2003.
[42] 何国强.粤东凤凰山文化研究调查报告集.中国香港:国际炎黄文化出版社,2004.
[43] [英]吉登斯.社会的构成.李猛,李康,译.北京:北京三联书店,1998.
[44] [英]吉登斯.民族、国家与暴力.胡宗泽,赵力涛,译.北京:生活·读书·新知三联书店,1998.
[45] 金太军.乡村关系与村民自治.广州:广东人民出版社,2002.
[46] 景天魁.从制度层面看精神文明建设.北京:中国社会科学出版社,1996.
[47] 景天魁.苏南精神文明建设模式.北京:中国社会科学出版社,1996.
[48] 贾德裕.现代化进程中的中国农民(第一辑).南京:南京大学出版社,1998.
[49] 康晓光.权力的转移——转型时期中国权力格局的变迁.杭州:浙江人民出版社,1999.
[50] [英]库尔曼、范·弗利埃特.治理与公共管理.英国:等萨吉出版公司,1993.
[51] [法]奥古斯特·孔德.论实证精神.黄建华,译.北京:商务印书馆,1996.
[52] [美]理查德·C.博克斯.公民治理——引领21世纪的美国社区.孙柏瑛,译.北京:中国人民大学出版社,2005.
[53] 蓝宇蕴.都市里的村庄——关于一个新村庄共同体的实地研究.北京:生活·读书·新知三联书店,2005.
[54] 李培林.村落的终结——羊城村的故事.北京:商务印书馆,2004.
[55] 李培林,王春光.新社会结构的生长点——乡镇企业社会交换论.济南:山东人民出版社,1993.
[56] 李俊夫.城中村改制.北京:科学出版社,2004.
[57] 李江涛.民主的根基.广州:广东人民出版社,2002.
[58] 李友梅.制度变迁的实践逻辑——改革以来中国城市化进程研究.桂林:广西师范大学出版社,2004.
[59] 李华.中国农村公共品供给与财政制度创新.北京:经济科学出版社,2005.
[60] 李银河.生育与村落文化.北京:中国社会科学出版社,1994.
[61] 李惠斌.社会资本与社会发展.北京:社会科学文献出版社,2000.
[62] [美]罗伯特·A.达尔.现代政治分析.王沪宁,陈峰,译.上海:上海译文出版社,1987.
[63] 黎熙元.社区建设——理念、实践与模式比较.北京:商务印书馆,2006.
[64] 刘倩.南街社会.上海:学林出版社,2004.
[65] 刘亚伟.无声的革命.西安:西北大学出版社,2002.

[66] 刘洪奎,等.城市现代化建设与管理.天津:天津科学技术出版社,1991.
[67] 卢福营.冲突与协调——乡村治理中的博弈.上海:上海交通大学出版社,2006.
[68] 林聚任.社会科学研究方法.济南:山东人民出版社,2004.
[69] 林毅夫.财产权力与制度变迁.上海:上海三联书店,1991.
[70] 林尚立.社区民主与治理:案例研究.上海:社会科学文献出版社,2003.
[71] 徐永祥.社区发展论.上海:华东理工大学出版社,2001.
[72] 吕世辰.农村社会学.北京:社会科学文献出版社,2006.
[73] [澳]马尔科姆·沃斯特.现代社会学理论.2 版.杨美华,李康,译.北京:华夏出版社,2000.
[74] 马克思恩格斯全集(第 49 卷).北京:人民出版社,1971.
[75] [英]迈克尔·曼.社会权力的来源(第一卷).上海:上海人民出版社,2002.
[76] 毛丹.一个村落共同体的变迁:关于尖山下村的单位化的观察与阐释.上海:学林出版社,2000.
[77] 毛丹.中国农村公共领域的生长——政治社会学视野里的村民自治诸问题.北京:中国社会科学出版社,2006.
[78] [法]皮埃尔·布迪厄,[美]华康德.实践与反思——反思社会学引导.李猛,李康,译.北京:中国社会科学出版社,2004.
[79] [英]齐格蒙特·鲍曼.立法者与阐释者.洪涛,译.上海:上海人民出版社,2000.
[80] [英]齐格蒙特·鲍曼.现代性与矛盾性.邵迎生,译.北京:商务印书馆,2003.
[81] 潘小娟.中国基层社会重构.北京:中国法制出版社,2004.
[82] 荣敬本.再论从压力型体制向民主合作体制的转变.北京:中央编译出版社,2001.
[83] [美]施坚雅.中国农村的市场和社会结构.史建云,徐秀丽,译.北京:中国社会科学出版社,1998.
[84] 苏国勋.理性化及其限制——韦伯思想引论.上海:上海人民出版社,1998.
[85] 苏力.法治及其本土资源.北京:中国政法大学出版社,1996.
[86] 孙立平.动员与参与:第三部门募捐机制个案研究.杭州:浙江人民出版社,1999.
[87] 孙秋云.社区历史与乡政村治.北京:民族出版社,2001.
[88] 唐士其.国家与社会的关系.北京:北京大学出版社,1998.
[89] 唐新忠.中国城市社区建设概论.天津:天津人民出版社,2000.

[90] 王振海，王义.农村社区制度化治理.青岛：中国海洋大学出版社，2005.
[91] 王振海.中国大陆六县区村规约建设比较分析//村民自治论丛(第一辑).北京：中国社会出版社，2001.
[92] 王振耀.中国村民自治理论与实践探索.北京：宗教文化出版社，2000.
[93] 王铭铭.村落视野中的文化与权力.北京：生活·读书·新知三联书店，1997.
[94] 王铭铭，王斯福.乡土社会的秩序、公共与权威.北京：中国政法大学出版社，1997.
[95] 王敬尧.参与式治理——中国社区建设实证研究.北京：中国社会科学出版社，2006.
[96] 王庆五，董磊明.治理方式的变革与江苏农村现代化.北京：中国人民大学出版社，2003.
[97] 王颖.新集体主义：乡村社会的再组织.北京：经济管理出版社，1996.
[98] 王智民.当前中国农民犯罪研究.北京：中国人民公安出版社，2001.
[99] 汪冬梅.中国城市化问题研究.北京：中国经济出版社，2005年。
[100] [德]韦伯.经济与社会(上、下册).林荣远，译.北京：商务印书馆，1997.
[101] 吴文藻.吴文藻人类学社会学研究文集.北京：民族出版社，1990.
[102] 吴绍田.解读村民自治——关于牛溪镇村民自治的观察与阐释.北京：中国发展出版社，2001.
[103] 吴毅，吴淼.村民自治在乡土社会的遭遇.武汉：华中师范大学出版社，2003.
[104] 吴毅.村治变迁中的权威与秩序——20世纪川东双村的表达.北京：中国社会科学出版社，2002.
[105] 吴文勉.马鞍村的百年沧桑——中国村庄经济与社会变迁研究.北京：中国经济出版社，2006.
[106] 肖唐镖.宗族、乡村权力与选举.西安：西北大学出版社，2002.
[107] 肖唐镖.中国乡村报告.上海：学林出版社，2005.
[108] 肖唐镖，李昌金.中国乡村报告.上海：学林出版社，2005.
[109] 肖唐镖.村治中的宗族——对九个村的调查与研究.上海：上海书店出版社，2001.
[110] 谢立中.西方社会序名著提要.南昌：江西人民出版社，2003.
[111] 项继权.集体经济背景下的乡村治理.武汉：华中师范大学出版社，2002.
[112] 徐勇，徐增阳.流动中的乡村治理——对农村流动的政治社会学分析.北京：中国社会科学出版社，2003.
[113] 徐勇，项继权.村民自治进程中的乡村关系.武汉：华中师范大学出版

社,2003.
[114] 徐勇.乡村治理与中国政治.北京:中国社会科学出版社,2003.
[115] 徐秀丽.中国农村治理的历史与现状:以定县、邹平和江宁为例.北京:社会科学文献出版社,2004.
[116] 新望.村庄发育、村庄工业的发生与发展.北京:生活·读书·新知三联书店,2003.
[117] 谢志岿.村落向城市社区的转型——制度、政策与中国城市化进程中城中村问题研究.北京:社会科学出版社,2005.
[118] 仝志辉.选举事件与村庄政治.北京:中国社会科学出版社,2004.
[119] 杨雪冬."第三条道路"与新的理论.北京:社会科学文献出版社,2000.
[120] [美]亚历山大.国家与市民社会:一种社会理论的研究路径.邓正来,译.北京:中央编译出版社,2002.
[121] 俞可平.治理与善治.北京:社会科学出版社,2004.
[122] 俞可平.权利政治与公益政治:当代西方政治哲学评析.北京:社会科学文献出版社,2000.
[123] 于洪生.城郊村——城市化背景下的村务管理调研.北京:社会科学出版社,2005.
[124] 于建嵘.岳村政治.北京:商务印书馆,2005.
[125] 余红荣.当代农村五大社会问题.南昌:江西人民出版社,1995.
[126] 姚锐敏.乡村治理中的村级党组织领导.北京:中国社会科学出版社,2004.
[127] 严新明.生存与发展:中国农民发展的时空分析.北京:社会科学文献出版社,2005.
[128] 严浩.我国城市社区发展政策研究.北京:中国计划出版社,2002.
[129] 尹冬华.从管理到治理——中国地方治理现状.北京:中央编译出版社,2006.
[130] 袁亚愚.新修乡村社会学.成都:四川大学出版社,1999.
[131] [英]亚当·斯密.国民财富的性质和原因研究(上下卷).王亚南,译.北京:商务印书馆,1981.
[132] 叶南客.都市社会微观再造——中外城市社区比较新论.南京:东南大学出版社,2003.
[133] 郑杭生.当代中国农村社会转型的实证研究.北京:中国人民大学出版社,1996.
[134] 郑孟煊.城市化中的石牌村.北京:社会科学出版社,2006.
[135] 张厚安.中国农村村级治理——22个村的调查与比较.武汉:华中师范大学出版社,2000.

[136] 张静.法团主义.北京:中国社会科学出版社,1998.
[137] 张静.基层政权乡村制度诸问题.上海:上海人民出版社,2007.
[138] 张建明.广东城中村研究.广州:广东人民出版社,2003.
[139] 张广修.村规民约论.武汉:武汉大学出版社,2002.
[140] 朱宇.中国乡域治理结构:回顾与前瞻.哈尔滨:黑龙江人民出版社,2006.
[141] 折晓叶,陈婴婴.社区的实践——"超级村庄"的发展历程.杭州:浙江人民出版社,2002.
[142] 折晓叶.村庄的再造——一个"超级村庄"的社会变迁.北京:中国社会科学出版社,1997.
[143] 周大鸣.凤凰村的变迁.北京:社会科学文献出版社,2006.
[144] [美]詹姆斯·麦格雷·戈伯恩斯.领袖论.刘李胜,译.北京:中国社会科学出版社,1996.
[145] 中国海南改革发展研究院.新农村建设:乡村治理与乡镇政府改革.北京:中国经济出版社,2006.
[146] 邹农俭.社会学的视野.北京:社会科学文献出版社,2005.

(二)论文类

[1] 蔡禾.社区建设:目标选择与行动绩效.广西民族学院学报(哲学社会科学版).2003(7).
[2] 曹海林.乡村社会交换的演变及其生成逻辑.人文杂志,2003(2).
[3] 陈亚辉,刘晓萍.对我国城市化进程的回顾展望.管理世界,1996(6).
[4] 程春满,王如松.城市化取向:从产业理念转向生态思维.城市发展研究,1998(5).
[5] [美]大卫·威廉姆斯,汤姆·杰克逊.世界银行与自由主义理论.赖海榕,译.政治研究,1994(42).
[6] 代堂平.关注"城中村"问题.社会,2002(5).
[7] 窦泽秀.我国城市社区治理结构的重建.中共青岛市委党校学报,2002(1).
[8] 范春永.我国城市化进程和对策.城乡建设,1997(9).
[9] 格里·斯托克.作为理论的治理:五个论点.国外社会科学(中文版),1999(2).
[10] 郭正林.家族、党支部与村委会的政治分析.战略与管理,2002(2).
[11] 桂勇.邻里政治:城市基层的权力操作策略与国家-社会的粘连模式.社会,2007(6).

[12] 贺雪峰，董磊明，陈柏峰.乡村治理研究的现状与前瞻.社会，2007(8).
[13] 高华.浅析亚历山大的新功能主义.社会，2003(11).
[14] 韩荡.高速城市化地区的城中村改造——以深圳特区为例.特区理论与实践，2003(11).
[15] 何艳玲.后单位制时期中国街区中的国家与社会[D].中山大学，2005.
[16] 贺雪峰.论乡村社会的秩序均衡.云南社会科学，1999(3).
[17] 贺雪峰.论村级权力结构的模化.北京科学战线，2001(2).
[18] 贺雪峰，仝志辉.论村庄社会关联.中国社会科学，2002(3).
[19] 贺雪峰.乡村治理研究的三大主题.社会科学战线，2005(1).
[20] 何海兵."国家-社会"范式框架下的中国城市社区研究.上海行政学院学报，2006(4).
[21] 胡序威.对我国城市化形势应有清醒认识.城乡建设，1998(6).
[22] 黄令华.为实现广州"中变"，专家云集功"城中村"管理.羊城晚报，2001-6-28.
[23] 金太军.村庄治理中三重权力互动的政治社会学分析.战略与管理，2002(2).
[24] 敬东.都市里的乡村研究报告——经济发达地区城市中新区农村城市化进程中的对策.城市规划，1999(9).
[25] 景跃进.两票制组织技术与选举模式——"两委关系"与农村基层政权建设.中国人民大学学报，2003(3).
[26] 揭爱花.一种特殊的社会生活空间.浙江大学学报(人文社会科学版)，2000(5).
[27] [英]杰索普.治理的兴起及其失败的风险：以经济发展为例的论述.漆蕪，译.国际社会科学(中文版)，1999(2).
[28] [美]罗西瑙.没有政府统治的治理，21 世纪的治理.全球治理 1995(创刊号).
[29] 罗茨.新的治理.政治学研究，1996(154).
[30] 李友梅.基层社区组织的实际生活方式——对上海康健社区实地调查的初步认识.社会学研究，2002(4).
[31] 李友梅.城市基层社会的深层权力秩序.江苏社会科学，2003(6).
[32] 李培林.理性选择面临的挑战及其出路.社会学研究，2001(4).
[33] 李培林.巨变：村落的终结.中国社会科学，2002(1).
[34] 龙太江.村社会的国家政权建设：一个未完成的历史课题——兼论国家政权建设中的集权与分权.天津社会科学，2001(3).
[35] 蓝宇蕴.对改制公司办社会的思考：广州城中村撤村改制个案研究.社会，2005(2).

[36] 蓝宇蕴.非农化村庄:一种缺乏社会延展性的社区组织.人大复印资料·社会学,2002(4).
[37] 蓝宇蕴.都市里的村庄——关于一个新村社共同体的实地研究[D].中国社会科学院,2003.
[38] 刘春荣.国家介入与邻里社会资本的生成.社会学研究,2007(2).
[39] 刘梦琴.石牌流动人口聚集区研究——兼与北京浙江村比较.市场与人口分析,2000(5).
[40] 刘勇.我国城市化回顾与展望.中国经济时报,1999-4-14第8版.
[41] 李猛,周飞舟,李康.制度化组织的内部机制.香港中国社会科学季刊,1996,秋季.
[42] 李骏.构建中国的市民社会.人文杂志,2003(3).
[43] 李立勋.广州市城中村形成及改造机制研究[D].中山大学,2001.
[44] 李怀."城中村"改造中的地方政府、村集体与村民——基于广州X村的个案研究[D].中山大学,2006.
[45] 林聚任.亚历山大的新功能主义与社会学理论传统重建.山东大学学报(哲学社会科学版),2002(3).
[46] 黎炳盛.村民自治下中国农村公共产品的供给问题.开放时代,2001(3).
[47] 路风.一种特殊的社会组织形式.中国社会科学,1989(1).
[48] 卢汉龙.发展社区共同体　推进社区建设——兼谈基层组织重建中的理论与实践分歧.现代领导,2001(增刊).
[49] 吕传振.从单位制到社区制:国家与社会治理空间的转换.北京科技大学学报(社会科学版),2007.
[50] 毛丹.乡村组织化和乡村民主——浙江萧山市尖山下村观察.香港中国社会科学季刊,1998,22.
[51] 毛丹.村落变迁中的单位化——尝试村落研究的一种范式.浙江社会科学,2000(4).
[52] 马西恒.社区治理框架中的居民参与问题一项反思性的考察.上海行政学院学报,2004(2).
[53] 彭勃.国家权力与城市空间:当代中国城市基层社会治理变革.社会科学,2006(9).
[54] 孙立平.社会转型:发展社会学的新议题.社会学研究,2005(1).
[55] 孙立平.社区治理的实践逻辑与反思——以北京一街道改制为个案.上海社区研究通讯,2004(40).
[56] 仝志辉,贺雪峰.缺乏分层与缺失记忆村庄的权力结构.社会学研究,2001(2).
[57] 田莉."都市里的村庄"现象评析.城市问题,1998(6).

[58] 唐士其.市民社会、现代国家以及中国的国家与社会的关系.北京大学学报(哲学社会科学版),1996(6).
[59] 仝志辉.村民自治与农村社会稳定.国家行政学院学报,2002(2).
[60] 仝志辉.二重化村落空间.开放时代,2002(1).
[61] 王思斌.村干部的边际地位与行为分析.社会学研究,1991(4).
[62] 吴清军.乡村中的权力、利益与秩序.战略与管理,2002(1).
[63] 王涛.浅谈我国城市社区建设中的行政推动与社区参与.成都行政学院学报,2003(4).
[64] 王旭.乡村中国的基层民主:国家与社会的互强.二十一世纪,1997(4).
[65] 王洪伟,陈勇.黑煤气充斥广州城中村,黑恶势力涉入其中.南方日报,2002-8-29.
[66] 王世军,于吉军.新加坡的社区组织与社区管理.社会,2000(3).
[67] 吴毅.人民公社时期农村政治稳定及其效应.天津社会科学,1997(5).
[68] 吴毅."双重角色""经纪模式"与"守夜人"和"撞钟者".开放时代,2001(12).
[69] 吴业苗.农村观念结构的分红及对社会稳定的影响.理论与改革,2004(1).
[70] 肖唐镖.村委会选举中的宗族因素——对40个村委会选举观察研究的综合分析[C].香港中文大学、香港浸会大学联合举办的"第二届中国大陆村级组织建设学术讨论会",2001-2-16-17.
[71] 萧楼,王小军.互构村庄:权力转换机制与村庄治理结构.开放时代,2001(3).
[72] 徐勇.论乡镇管理与村民自治的有机衔接.华中师范大学学人文社会科学版,1997(1).
[73] 徐勇,贺雪峰.村治研究的共识与策略.浙江学刊,2002(1).
[74] 徐勇.村干部的双重角色:代理人与当家人.香港二十一世纪,1997(42).
[75] 许放明.简论政府在社区建设中的地位和作用.温州师范学院学报(哲学社会科学版),1999(1).
[76] 徐雪松.从政府与社区关系的逻辑演变中看中国行政体制的发展.四川行政学院学报,2003(5).
[77] 项飙.流动传统网络市场化与"非国家空间".战略与管理,1996(6).
[78] [美]亚历山大.论新功能主义.国外社会学,1991(3).
[79] 杨安.城中村的防治.城乡建设,1996(8).
[80] 赵联飞.社区改制及其制约因素分析[D],北京大学,2003.
[81] 张静.农村基层政权研究的有关问题.中国书评,1996(5).
[82] 张静.国家政权建设与乡村自治单位.开放时代,2001(9).

[83] 张虎祥.社区治理与权力秩序的重构——对上海市康健社区的研究[D].上海大学,2005.
[84] 张建明.广州都市村庄形成演变机制分析——以天河区、海珠区为例[D].中山大学,1998.
[85] 张文和,李明.城市化定义研究.城市发展研究,2000(5).
[86] 周大鸣.外来工与二元社区——珠江三角洲的考察.中山大学学报(社会科学版),2000(2).
[87] 郑卫东."国家与社会"框架下的中国乡村研究综述.中国农村观察,2005(2).
[88] 朱健刚.城市街区的权力变迁:强国家与强社会模式——对一个街区权力结构的分析.战略与管理,1997(4).
[89] 朱健刚.国家、权力与街区空间——当代中国街区权力研究导论.香港社会科学季刊,1999,秋/冬.

(三)外文类

[1] Anthony Giddens, Central Problems in Social Theory: Action, structure and contradiction in social analysis: The Macmillan Press LTD, 1979: 100 - 101.
[2] B.Guy. Peter. Institutional Theory in Political science. London and New York: Welling House, 1999.
[3] Bachrach P, Baratz M S. (1962), Two faces of power. American Political Science Review 56 (December): 942.52.
[4] Bob Jessop, State Theory: Putting Capitalist States in Their Place. Cambridge: Polity Press, 1990.
[5] Chayanow A V. Theory of Peasant Economy. Madison: University of Wisconsin Press.
[6] Decerteau M. The Practice of Everyday Life. University of California Press, 1988.
[7] Dunlevy P. Democracy, Bureaucracy and Public Choice. New York: Prentice Hall, 1992.
[8] Edwards.Greenberg, Thomas.F.Mayer. Changeinthe State: Causeand Consequence. California: Sage, 1990.
[9] Foucault M. Power/ Knowledge. Brighton: Harvester, 1980.
[10] Floyd Hunter: Community Power Structure: A Study of Decision-Markets. Chapel Hill: University of North Carolina Press, 1953.

[11] Frank Parkin. Marxism and Class Theory：A Bourgeois Critique. New York：Columbia University Press，1979：53－58.

[12] Harvey D.The Urban Process under Capitalism. International Journal of Urban and Regional Research，1978，2：101－131.

[13] James Derleth，Daniel R. Koldyk. Community Development in China：Harbinger of a civil society? 2002－03－20.

[14] Jean C O，Scott Rozelle. Elections and Power：The Locus of Decision-Making in Chinese Villages. The China Quarterly，2000：513－514.

[15] Jean C. Oi " Economic Development，Stability and Democratic Village Self-governance "，China Review 1996. Hong Kong：Jean C. Oi and Scott Rozell，"Democracy and Markets：The Link Between Participatory Decision-Making and Development in China's Economy"，Presented at the international Symposium on State and Society in China University of Shzuoka，Japan，November 23－24，1997.

[16] Jean C. Oi，State and Pesant in Contemporary China：University of California Press，1989.

[17] Joseph W. Esherick，Amary Backus Rankin，eds.. Chinese Local Elite and Patterns of Dominance：University of California Press，1990.

[18] Ludwig Wittgenstein. Philosophical Investigations. Oxford：Blackwll，1972：81.

[19] Michael Mann. States Warand Capitalism. Osford：Black well，1988.

[20] Mills，'The power Elite' and 'The Structure of Power in American Society' in M. Oisen (eds).

[21] Molotch，John Logan. Urban Fortunes：The Political Economy of Place. Berkeley：University of California Press，1987.

[22] Molotch，H.L. The City as a Growth Machine：Toward a Political Economy Of Place. American Journal of Sociology，1976.

[23] Mosca，G. (1939) The Ruling Class. New York：McGraw-Hill 15. Poulantzas，1986.

[24] Moore B. The Social Basis of Dictatorship and Democracy：Beacon Press，1966.

[25] Nee，Victor. "Sources of New Institutionalism" in Mary Brinton. The New Institutionalism in Sociology. New York：Pussell Sage Foundation，1955.

[26] Pareto V. Sociological Writings. London：Pall Mall，1966.

[27] Parsons T. 'The Monpoly of Force and the 'Power Bank' 'and 'The

Distribution of Power in American Society' in M.Olsen, Power in Societies. New York: Macmillan, 1970:54 - 7,269 - 78.
[28] Peter A. Hall, Rosemary C.Taylor. Political Science and Three New Instiutionalism. Political Studies, XLIV, 1996: 936 - 957.
[29] Pilippe C, Stillthe Century of Corpo-ratismin P.C.Schmitter and Glehmbrucheds, Trends toward Corporatistin termeddiation: Beverly Hills Sage, 1979:9.
[30] Popkin S. The Ration Peasant: University of California Press, 1969.
[31] Poulantzas, N. State, Power, Socialism. London: New Left, 1986.
[32] Read, Benjaminl. State, Social Networks and Citizens in China's Urban Neighborhoods. Harvard University Department of Government Ph D dissertation.
Sharon Kettering. Patrons, Brokers and Clients in seventeenth Century France: Oxford University Press,1986.
[33] Siu, Helen F. Agents and Victims in South China: Accomplicies in Rural china: Yale University Press,1989.
[34] Taylor. M. Structure,Culture and Action in the Explanation of social change. Politics and society, 1989, 17(2).
[35] Verba, Nie. Participation in America. Ann Arbor, MI:Inter-University Consortium for Political and Social Research, 1972.
[36] Whyte M. "Who hates Bureaucacy?" in Stark,D & Nee,E(ed),1989.
[37] Weber M (1978:53)Economy and Society, Berkeley: University of California Press. Zweig,D. "Struggling over land in China: Peasant Resistance after collectivization,1966—1986", in Colburn F(ed). Everyday forms of Peasant Resistance, M.E.Sharpe,1989.

后记

2016年的上海，城中村拆违行动大规模开始，城中村又一次进入了大众的视野。城中村作为中国特色的社区形态，引发社会学界讨论和关注大概从2000年开始。起初，更多的是从城市规划意义上来讨论，但是随着城中村越来越多的出现，人们普遍认识到其问题的复杂性。

本研究作为笔者博士论文的主体部分，笔者在广州的城中村黄村蹲点了大半年的时间，融入城中村的生活中去调研。如今十年多的时间过去了，城中村那狭长的一线天通道，窗户都打不开的狭小房屋，楼下喧闹的麻将声，祠堂中烟雾缭绕的老人协会……这些景象仍历历在目。

在中国城市化的进程中，会有越来越多的城中村出现，有的可能会逐渐融入城市，若干年后看不到乡村的影子；有的可能还可以从被保留下来的祠堂中一窥端倪。这些不伦不类的城中村，从社会治理的角度而言，究竟应该采取什么方式去对待？是城市性的"一刀切"，还是不管出于什么理由的部分性保留？这应该是个值得深思的话题。

虽然本研究充满了个案色彩，但是它确实是广州地区城中村社会治理的一个缩影。从缩影中可以看到，城中村有着既不同于城市，也不同于乡村的社会秩序。正是这种特殊秩序的存在造成了该城中村特有的"双轨"政治。虽然是个案，但是该城中村的治理方式和思路同样适用于越来越多的城中村，并为当下的社会治理添加了一个新的注脚。

本研究的完成，要感谢笔者的博士生导师蔡禾教授。从论文选题、理论梳理、实地调研和研究框架等方面，都离不开蔡禾老师的悉心指导。在广州黄村蹲点的日子，笔者和黄村江夏居民委员会的工作人员结成了深厚的友谊，也正是通过他们的帮助才收集到很多实地资料。另外，在黄村实业有限公司调查的几周内，访谈到的董事长、总经理和社长，让笔者惊叹于广州地区村集体经济力量的强大。特别值得指出的是，有几位特别喜欢在黄村老人协会里泡工夫茶的老人，正是通过和他们的深度访谈，笔者才深刻地了解到黄村的“前世今生”。大半年的实地访谈，笔者深入了解个案村的方方面面，整个参与式调研过程让我受益良多，无论是做学术，还是为人处世，都让我感受到了“信任”的内涵和力量。而正是这些丰富的实地访谈资料和信息为本研究的顺利完成打下了坚实的基础。

感谢我的父母和爱人。正是他们的支持和帮助，才能使我安心工作。此外，要感谢华东理工大学出版社的刘军老师和姚樱老师，本研究的顺利出版，离不开他们两位的勤苦劳作和无私帮助。